昆明文理学院学术文库
昆明文理学院出版基金资助

工商管理专业
课程实践教学案例集

马岳辉宇 编著

北京理工大学出版社
BEIJING INSTITUTE OF TECHNOLOGY PRESS

内 容 简 介

当前,新的商业形态、商业模式、商业思潮不断涌现,如何使学生适应这个多样化的商业环境,具有全面的专业知识、素养与应用能力,是亟须解决的问题。本书以工商管理专业为背景,以实践教学为抓手,以品牌管理、营销策划、创新管理为主题,运用大量的实践教学案例,以学生为中心,嵌入问题,激发学生的学习兴趣,使学生在行动中学习、探究并掌握知识,促进学生全面发展。

本书由在一线课堂从事教学工作的教师编写,是实践教学经验的总结与分享,适合高校从事相关专业教学工作的教师、社会相关背景教培人员等参考。

版权专有　侵权必究

图书在版编目（CIP）数据

工商管理专业课程实践教学案例集 / 马岳,辉宇编著. --北京：北京理工大学出版社,2022.3
ISBN 978-7-5763-1093-1

Ⅰ. ①工… Ⅱ. ①马… ②辉… Ⅲ. ①工商行政管理-教案（教育）-高等学校 Ⅳ. ①F203.9-42

中国版本图书馆 CIP 数据核字（2022）第 036848 号

出版发行 /	北京理工大学出版社有限责任公司
社　　址 /	北京市海淀区中关村南大街 5 号
邮　　编 /	100081
电　　话 /	（010）68914775（总编室）
	（010）82562903（教材售后服务热线）
	（010）68944723（其他图书服务热线）
网　　址 /	http：//www.bitpress.com.cn
经　　销 /	全国各地新华书店
印　　刷 /	保定市中画美凯印刷有限公司
开　　本 /	710 毫米×1000 毫米　1/16
印　　张 /	10.5
彩　　插 /	1
字　　数 /	190 千字
版　　次 /	2022 年 3 月第 1 版　2022 年 3 月第 1 次印刷
定　　价 /	56.00 元

文案编辑 /	王晓莉
责任编辑 /	王晓莉
责任校对 /	刘亚男
责任印制 /	李志强

图书出现印装质量问题,请拨打售后服务热线,本社负责调换

前言

随着经济全球化的日益深入,新技术、新商业模式不断出现,它们将竞争的层级与范围不断推向更高的层次。竞争的本质是人才质量的竞争。因此,培养能适应当前经济与商业环境并开展现实的商业活动的创新型、应用型工商管理专业人才,显得尤为迫切。在工商管理人才培养过程中,贴近现实商业情景的实践教学有重要作用。

然而,在现实中,高校工商管理专业实践教学却不尽如人意,具体表现在:①人才培养方案中的实践教学比例不够;②实践教学尚不能形成一个相互衔接、相互配合的体系;③实践教学的方法不当,教学内容设计陈旧、脱离商业现实,不能做到与时俱进地反映最新的商业发展模式与商业发展趋势。

本书直面上述问题,通过笔者在高校教授工商管理专业课程的过程中的不断探索、积累、总结,将丰富多彩的实践教学内容设计呈现在读者面前,以期在实践教学环节能为大家提供多样化的教学设计参考与内容分享。

本书的特点有以下几点。

(1) 内容丰富多样,重点围绕品牌管理、营销策划、创新管理等领域展开;

(2) 内容设计有理论导入与案例导入,外加笔者对相关领域的深度思考;

(3) 贴近现实、情景模拟,本书中的许多教学案例都是笔者根据实践教学过程中广受学生好评与欢迎的真实教学案例编写、整理而成的。

本书的使用对象主要包括以下几类。

(1) 高校的任课教师,尤其是工商管理专业或相关专业教师团队或个人。通过上述实践教学素材与案例分享,可以达到促进教学的目的。

(2) 在社会中从事教育培训的工作者,比如企事业单位员工教育培训的培训员。

(3) 对上述领域感兴趣的其他社会人员。

本书研究成果包括以下科研项目的阶段性成果。

工商管理专业应用型人才培养与社会需求的对接——以昆明文理学院为例（项目编号：2022J1147）

精准扶贫视角下大学生少数民族地区社会工作服务模式研究（项目编号：16KJY034）

云南师范大学文理学院一流课程建设项目：企业创业实验（项目编号：2020YLKCZD06）

云南师范大学文理学院一流课程建设项目：创新管理（项目编号：2020YLKCZD05）

云南师范大学文理学院"课程思政"专项建设项目：市场营销学（项目编号：2020KCSZYB12）

大学生创新创业训练计划项目——"花间蕊"黑蜂蜜（项目编号：2020XJ5348）

大学生创新创业训练计划项目——"椰语巧巧"椰雕馆（项目编号：2020SJ5318）

大学生创新创业训练计划项目——盐津草根乌骨鸡（项目编号：2021XJ5320 S202113331005X）

大学生创新创业训练计划项目——"爱加+"废旧物品回收（项目编号：2021XJ5326）

工商管理专业应用型人才培养与社会需求的对接—以云南师范大学文理学院为例（项目编号：2018KJYZD010）

编　者

目　录

篇一　品牌管理

好的品牌故事，助力好的品牌 …………………………………………… (3)
从褚橙的成功谈品牌管理过程 …………………………………………… (9)
品牌命名的三种境界 ……………………………………………………… (12)
品牌内涵解读：午后奶茶 ………………………………………………… (17)
品牌识别设计：喜临门床垫 ……………………………………………… (22)
品牌定位的本质——差异化：李维斯（Levi's）、LEE ……………… (27)
品牌文化的大成之作：功夫熊猫 ………………………………………… (31)
品牌传播：理查德·布兰森和他的维珍集团 …………………………… (37)
美宝莲品牌个性塑造策略分析 …………………………………………… (43)

篇二　营销策划

企业满足顾客需求的四种境界 …………………………………………… (55)
"营销策划"教学中案例甄选与案例教学技巧 ………………………… (58)
营销策划创意形成：默写式头脑风暴法 ………………………………… (61)
营销策划：新产品发布会 ………………………………………………… (64)
中式快餐商业模式策划：实体店+外卖 ………………………………… (70)
开业促销策划：荷唐咖啡 ………………………………………………… (76)
校园市场推广策划：康师傅绿茶 ………………………………………… (92)
微商营销：化难为易 ……………………………………………………… (106)

篇三　创新管理

基于商业模式画布进行商业模式创新分析 …………………………………… (111)
针对"金字塔底层"消费市场的社会创新——以格莱珉银行为例 ………… (119)
对加拿大太阳马戏团的定位创新模式的探讨 ………………………………… (126)
淘宝村——中国互联网区域创新系统的典型 ………………………………… (132)
物流配送"最后一公里"——菜鸟驿站 ……………………………………… (138)
"互联网+"创新平台商业模式的运用——以携程为例 …………………… (145)
绿色建筑产业中创新设计思考的运用——以巴厘岛"绿色村庄"为例 …… (151)
精益创新战略在美国西南航空公司经营管理中的运用 ……………………… (157)

篇一　品牌管理

好的品牌故事，助力好的品牌

如今市场竞争日趋激烈，企业都试图打造属于自己的品牌并与顾客沟通。然而，在顾客沟通环节，企业常面临以下难题：一是信息化的社会环境可能导致信息湮没。企业任何的销售主张，在信息的汪洋大海中都显得微不足道。二是企业计划性的信息传播方式，如广告、促销等，已远不能激发顾客的购买欲望。这种单向的信息传递，尚不能深入顾客的心灵，更别说要占据顾客的心智。三是即便企业的销售主张是独特的，单纯讲产品所能带给顾客的利益、品质的优良、服务的承诺、鲜明的定位等惯常的营销方式，也早已让顾客产生"审美疲劳"，不为所动。

其实，最能让顾客印象深刻的恰恰是那些生动迷人的，令人难以忘怀、时时回味的与品牌有关的故事。

一、好品牌都有好故事

品牌能够给顾客带来满足、承诺和满意，但是仅仅做到这一点远远不够，顾客还期望品牌有生动的价值联想、美好情感和隽永意味，这都有赖于品牌故事。伟大的品牌缔造者并不刻意去为销售产品而广而告之，他们都是讲故事的高手，他们善于把品牌中最优秀、最精华的部分总结、梳理出来，与顾客分享。他们追求让顾客成为品牌故事的传播者，更试图用品牌价值观念、情感体验使顾客成为品牌故事的参与者。

（一）品牌故事——从品牌的起源说起

1999年，当马云决定在杭州正式推出电子商务网站的时候，为公司取个什么样的名字让马云苦恼不已。因为好的名字对于品牌非常重要！冥思苦想之后马云突然有了灵感，他想起来自己小时候读过的《阿里巴巴和四十大盗》。故事讲述了勤劳勇敢的阿里巴巴与邪恶势力坚决斗争，最终杀死了强盗，把财宝与村民分享，过上了幸福的生活。阿里巴巴的故事具有难以想象的国际知名度。马云在美国餐饮店吃饭时曾问一位服务员："你知道阿里巴巴吗？"没想到，服务员不但知道，还绘声绘色地给他讲起"芝麻开门"的故事。另外，阿里巴巴故事本身的寓意与马云意图打造一个服务于广大中小企业，向它们"芝麻开门"的企业宗旨不谋而合。想到阿里巴巴巨大的商业价值，马云兴奋不已，立即注册"阿里巴巴"的中文域名，花费一万美元获取"alibaba.com"的英文域名。于是，阿里巴巴网站诞生了。

而今，阿里巴巴集团已成为世界领先的 B2B 电子商务公司。人们在体验阿里巴巴、淘宝网等电子商务所带来的方便时，对神奇的一幕也充满遐想：一个年轻人，一个童年时代的神话故事，一个突发的奇思妙想，一个品牌的横空出世。

（二）品牌名称与品牌标识——因品牌故事而深刻

星巴克（Starbucks）的名字来自美国文学史上最伟大的小说之一《白鲸记》中爱喝咖啡的大副。它讲述了一位捕鲸船船长带领全体船员，追捕一条大白鲸的历险过程。它歌颂了人类探求未知的勇气，曾数次被搬上荧幕，为大众所熟知。星巴克名字确定之后，其创始者开始研究各种海事书籍，找到一幅16世纪斯堪的纳维亚双尾美人鱼的木雕图案，以此作为公司标志。传说，在海上航行的水手如果听到美人鱼具有魔力的歌声，就会被它们迷惑，难以抗拒地撞上礁石而葬身鱼腹。创始者希望星巴克深度烘焙的精品咖啡豆能像美人鱼一样施放魔力，吸引顾客。而今，人们听不到美人鱼的歌声，取而代之的是手中的咖啡，星巴克用咖啡施放魔力，不断征服全球的消费者。

瑞士爱彼表是世界十大名表之一，它的表盘设计是独特的八角形，其背后的品牌故事是：曾经有一位国王被仇家追杀，逃难到一艘船上。小船的窗户是八角的形状，国王正好可以透过窗户观察外面的景象，最终幸免于难。这一幕在国王心中留下了深深的印记。后来，国王东山再起时，要求把定制的手表设计为八角形，以铭记这段经历。此后，爱彼表成为具有皇家血统的名贵手表。

（三）品牌故事——彰显品牌核心价值

耐克创立于1978年，它很快便超越曾经的领导品牌阿迪达斯、彪马、锐步，成为世界体育用品的第一品牌。耐克的成功在于它正确地提炼自己的品牌核心价值，并始终如一地坚持。耐克最核心的消费群体是青少年，他们热爱运动，崇尚英雄，敢于挑战权威，思维活跃，想象力丰富并充满梦想。耐克敏锐地发现了青少年的这些典型特征，并以此来作为品牌的核心价值。大量的体育明星成为耐克的品牌形象代言人，这其中最具影响力的是迈克尔·乔丹。乔丹从一个默默无闻的球员成长为一代篮球巨星，对梦想的始终坚持和不断超越自我的精神，深深地感染了无数的年轻人，激励着他们为实现梦想而不懈追求。与阿迪达斯所有的高贵气质不同，耐克似乎总是在讲述平凡人的成功故事和他们的压力、困惑甚至失败。"Just do it"已经成为一种信念，成为他们面对压力、接受挑战并勇于突破的信条。

2008年北京奥运会，耐克的签约运动员刘翔退赛，对手正幸灾乐祸，没想到耐克在第一时间召开新闻发布会，表示对刘翔的理解与支持。第二天，耐克在国内大报头版刊登了巨幅广告："爱比赛，爱拼上所有的尊严。爱把它再赢回来。爱付出一切。爱荣耀、爱挫折、爱运动……即使它伤了你的心！"这一煽情的表述，让耐克在逆境中突显精彩。

（四）品牌故事——赋予品牌个性化的张力

来自美国的哈雷摩托，从1903年起历经百年发展，已成为世界摩托车行业中历史最为悠久、最具知名度的品牌。有一句美国谚语："年轻时有辆哈雷，年老时有辆凯迪拉克，则此生了无他愿。""哈雷迷"之所以为哈雷而痴狂，在于哈雷极富个性的品牌设计：体积硕大、外表庄重、造型硬朗、马力强劲、轰鸣独特、色彩炫目。拥有哈雷，更是拥有哈雷所代表的生活方式：尽情地释放自我，宣泄自由，狂放不羁，富有男人气概，不服输的竞争气势和年轻、活力。

纵观哈雷的发展历程，有无数个与哈雷相伴的动人故事深深浸入哈雷的品牌血液。许多名流大腕，如约旦前国王侯赛因、伊朗前国王巴列维、"猫王"、施瓦辛格等都是哈雷的忠实信徒。其中，施瓦辛格在电影《终结者》里扮演的角色，头戴墨镜，身穿皮裤和皮靴，骑着宽大前叉式哈雷摩托，这一形象为全世界无数车迷所倾倒。

二、品牌故事创作的技巧

能引起消费者的深层关注，使消费者心灵激荡、情感共鸣的，不见得是连篇累牍的广告和宣传，而很可能是品牌背后生动的故事、消费者的亲身经历和其自发式的行动。品牌故事是企业与消费者情感的共振点，它消融了消费者在商业广告包围下的某种潜意识的"抗拒"心理，使品牌变得亲切、可人。通过品牌故事，消费者能解读品牌背后的价值观念、精细质量、贴心服务和企业对顾客的承诺，它感染了消费者，全力激发了消费者潜在的购买意识。对于企业来说，如果意欲让品牌拥有持久的生命力和忠诚的消费者，就必须技巧性地为消费者创造一种迷人的、愉悦的、难以忘怀的消费体验。

（一）品牌故事的起点：品牌核心价值

品牌核心价值是品牌的精髓，它明确了品牌的利益点和个性，是驱动消费者认同并喜爱品牌的主要力量。因此，品牌故事作为与顾客沟通的有效手段，必须有助于品牌核心价值的主张。从品牌故事创作的角度来看，品牌故事并不是单纯写一个有情节的故事那么简单，它其实是一种品牌策划的过程。企业必须明确本企业的品牌精髓、本企业应加以坚持和维护的品牌 DNA，并在此基础上提炼出一个营销概念，加以创意元素，与顾客沟通。

喜临门家具股份有限公司是国内床垫行业的领军企业，其品牌核心价值在于：致力于人类的健康睡眠，高品位、健康、舒适的生活方式。它提炼的营销概念是：美丽是睡出来的。为了更进一步打动消费者，喜临门非常注重讲述它的品牌故事。在中外合资的某公司，有两位女强人。王小姐是公司资深人士，人到中年，身居要职。李小姐是海归硕士，年轻漂亮，精明能干。除了工作业绩，两人也在外表上明争暗斗。但王小姐不具有年龄优势，逐渐力不从心。可是后来，王小姐似乎有了什么秘方，面色红润光泽，上班神采奕奕，原来，一个月前王小姐搬进新居，选购了喜临门的新床，睡眠质量明显改善，工作精力充沛，在职场中更显自信。

可以说，这是一个成功的品牌故事，它抓住了自己的核心消费者，将品牌能够给顾客带来的利益、价值打包入故事中，如同重磅炸弹，击破了消费者的心理防线。消费者不由自主地对号入座：我绝不能放任自己在职场中"枯萎"。

（二）品牌故事的主线：领导者

领导者既是企业历史的传承者，又是企业品牌形象的代表。由于领导者掌握着企业的核心资源，因此，领导者也成为推动企业品牌发展壮大的骨干力量，是品牌故事创作的主线。

提起英国的维珍集团，人们首先想到的是那个稀奇古怪的创始人理查德·布兰森，其大胆行为常常令人瞠目结舌。他曾经开着坦克驶入纽约时代广场，乘着热气球环球飞行，他从来不按常理出牌，通过顾客关心的特性寻找商机，而不仅仅是关注顾客需求的差异性。刚从维珍唱片中赚取了第一桶金后，他就敢向资本、技术领先的航空业巨无霸英航挑战。布兰森将无拘无束的个性赋予维珍，他常会有意制造新闻事件在媒体上亮相。他凭借自己看似冒险、实则果断有魄力的行动，时时抓住媒体的焦点，免费搭乘媒体宣传的快车，不断推动维珍走向成功。

对于大公司、行业领军者而言，他们不乏聚光灯的照射和媒体的关注，因此通常拥有比较高的曝光率。对于处于起步阶段的中小公司而言，领导者需要通过塑造自我形象来塑造企业形象、品牌形象，成为品牌故事的主角。在国内，蒙牛的牛根生、阿里巴巴的马云、小米手机的雷军等在企业发展的初期，也不断通过各种营销事件、富有个性的营销表演、演讲、访谈和创业者箴言，成为自己品牌的推手。

（三）品牌故事精要：贵在真实，但也需修饰

有品牌专家曾说过："品牌故事赋予品牌以生机，增加了人性化的感觉，也把品牌融入了顾客的生活……因为人们都青睐真实。真实就是品牌得以成功的秘籍。"的确，真实是品牌故事让人信服的前提，品牌故事应以追求人间的真善美为主旋律。在此基础上，适度地运用夸张、渲染、修饰等手法，增加故事的完整性，使故事增添传奇色彩，从而激发受众的无限联想、向往，这恰恰是品牌故事更具传播效应的精要所在。

依云水是矿泉水领域的"贵族"，其"高贵气质"的养成首先从讲述它的品牌故事开始：1789年夏天，有一个法国贵族不幸患上了肾结石，当时正处于法国大革命时期，贵族决定到乡下修身养性。他信步到达了阿尔卑斯山下的小镇，饮用了某绅士花园的矿泉水，经过一段时间，他惊喜地发现自己的病痊愈了。奇闻传开，有专家分析鉴定，证明了该水确实对某些病痛有疗效。此后，大量的人涌入小镇，体验水的神奇，更有医生将它列入药方。拿破仑三世和皇后对该水也情有独钟，1864年正式赐名依云镇，依云水因此名声大噪，成为高端矿泉水的第一品牌。

依云水源自阿尔卑斯山的高山雪水，经过冰山岩石的层层过滤，具有稀缺、天然、健康、纯净的特性，这是依云水的真实特征。至于治疗疾病，显然有夸大之嫌。但是，恰是这些修饰性的细节和内容，使人们享用依云水的同时，也体验了传奇故事带来的心理满足。反之，如果品牌故事存在着弄虚作假，如达芬奇家具"洋品牌"身份造假事件曝光后，其品牌当然为消费者所唾弃。

（四）品牌故事的根基：消费者和社会公众

好的品牌，常会以"润物细无声"的方式滋润消费者的心田，在此，消费者往往不自觉地或者自发地扮演品牌故事缔造者的角色。如果是企业有意设计故事，难免会有刀雕斧凿的痕迹，缺了少许的真实。如果是消费者自发演绎的品牌故事，则提供了足够的说服力。它把消费者的真实情感与品牌缔结在一起，撩拨着受众的心弦，讲述品牌的点点滴滴，创造出新的品牌佳话。

2011年10月6日，苹果公司前首席执行官乔布斯去世。消息传来，全世界为之悲痛。因为乔布斯所代表的苹果公司，充满激情与活力，引领了数不清的创新，丰富并改善了人们的生活。全球的"苹果粉丝"开始了自发悼念乔布斯的活动。

与此同时，为了缅怀苹果乔布斯，香港理工大学设计学院19岁学生Jonathan Mak制作了一幅图片，将乔布斯的头像侧影与苹果商标相融合，体现出乔布斯是苹果永远的灵魂。这幅图片在网上迅速传播，吸引了成千上万网友关注。

在细数这些有趣的品牌故事时，人们感叹乔布斯在消费者和公众心中的地位和影响力，而品牌故事的缔造者恰恰是消费者本身。

综上所述，品牌成长的过程，也是品牌故事演绎、发展、对品牌本身推动的过程。品牌因故事而生动。现今崛起的世界性的强势品牌，其每一阶段性的成长，都伴随着诸多感人至深的故事。能够征服顾客的，不仅仅是产品本身，也起始于让顾客铭记于心的品牌故事。如果你还苦恼于无法做到和消费者近距离地沟通、产生情感共鸣，那么，请尝试打造属于自己的品牌故事吧。

参考文献

［1］孔繁任. 故事化营销［M］. 成都：四川人民出版社. 2019：154-212.
［2］戴维·阿克. 管理品牌资产［M］. 吴进操，常小虹，译. 北京：机械工业出版社. 2012：51-70.

从褚橙的成功谈品牌管理过程

理论导入

品牌管理是一项复杂的工程，涉及许多方面。美国品牌管理专家 Keller 教授提出，品牌管理涉及创建、评估及管理品牌资产的营销计划和活动的设计与执行，如图 1-1 所示。

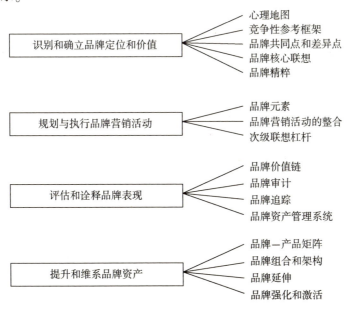

图 1-1　Keller 提出的战略品牌管理过程

从褚橙的成功谈品牌管理

曾经被誉为"烟王"的褚时健因卷入受贿案件而入狱。出狱后在75岁时承包荒地,种起了冰糖橙,凭借优良品质和全新运作模式,终使褚橙引爆全国市场,成为特定细分市场的品类代表。从品牌营销的角度来看,其成功经验值得借鉴。

一、创造顾客喜欢的差异化价值

迈克尔·波特曾经说过,企业行之有效的竞争策略不外乎三种:成本领先、差异化和市场聚焦。但是,真正能长期保证企业成功的还是差异化。这种差异化的价值来源包括产品、服务、人员、形象等。具体来说,褚橙的差异化价值体现在以下几个方面。

1. 褚橙的种植环境

褚橙生长于云南哀牢山国家森林公园附近处。这里年平均气温23℃,年日照多达2 000多小时,昼夜温差大。果园用水引自山泉,方圆20里①内无工矿企业,环境无污染。这一切是造就甘甜美味的褚橙的先天条件。

2. 褚橙的果实培育

在种植过程中,土壤水量保证在60%~70%的范围之内。为保证果实能够吸收足够的阳光和水分,每亩②地只保留80棵果树,每棵结240个果,严格控制产量。不断研究和调整肥料结构,利用充足的农家肥料与烟梗混合,创造出独特的有机肥。这些是褚橙美味的后天功夫。

3. 褚橙的外观品相

成熟后,根据果子的大小、外形、色泽、口感等严格的检测标准进行分拣。包装时剪去叶子,自然包装,不打蜡,给每个橙子喷码,让它们有独一的"身份"。

4. 褚橙的美味口感

褚橙整体黄金酸甜比高达24∶1,甜而不腻,适合东方人口感;果肉细腻,脆甜无渣,皮薄汁多,入口则化,富含丰富维生素C;果皮柔软,可以直接用手剥开。这些独有的品质特点,是目前市面上其他冰糖橙都不具备的。而果品的美味,恰是顾客最喜欢的差异化价值。

---

① 1里=500米。
② 1亩≈666.67平方米。

二、品牌与顾客的心理契约与承诺

成功的品牌，其实是对顾客的一种承诺、保证和心理契约，这种承诺必须在任何时间、任何地点兑现，而产品是顾客承诺实现的载体。顾客对品牌的信任和忠诚源于对品牌承诺经过实际检验后的认可。褚时健选取冰糖橙作为市场的突破口，是因为它广受欢迎，适合中国人的口味。他长期研究改良土壤结构，发明独特的混合农家肥，引入山泉水灌溉，通过砍树剪枝来保证阳光照射，在采摘、储存、运输和产品销售的签约授权中，褚时健都要严格把关。在上市时以"褚时健种的橙子"来做推广，则完全是以个人品牌来给产品背书，向顾客兑现承诺。当市场打开，产品供不应求的时候，也绝不会降低品质而盲目扩产。

三、真正打动顾客的是品牌背后的价值观念

褚橙品牌的打造者褚时健是昔日的中国烟草大王，出狱后在75岁的迟暮之年承包荒山，开种果园，经多年研究终成就褚橙。褚橙彰显了国人的特质：不放弃，坚持，努力。这种精神正是我们时代最需要的正能量，其自强不息的精神对当代的年轻人是一种激励。

参考文献

[1] 张明立，任淑霞. 品牌管理 [M]. 北京：清华大学出版社. 2014：1-32.
[2] 戴维·阿克. 管理品牌资产 [M]. 北京：机械工业出版社. 2012：1-29.

品牌命名的三种境界

理论导入

说到命名，不由得想起孔子的那句："名不正，则言不顺；言不顺，则事不成。"一个好的名字，是一个企业、一个产品拥有的一笔永久财富。一个企业，只要其名称、商标登记注册，就拥有了对该名称的独家使用权。一个好名字能时时唤起人们的美好联想，使其拥有者得到鞭策和鼓励。

那么，对企业和品牌而言，什么样的名字才算是好的呢？

其实，好的品牌名字，需要达到三种境界。

境界一：朗朗上口，过目不忘

品牌名称是一种社交语言的符号。因此，要用最短的时间，让消费者记住。

有个家喻户晓的品牌叫苹果，它的名称据说来自圣经的故事：上帝创造了天地万物，用尘土造了男人亚当，用肋骨造了女人夏娃，在东方的伊甸建立了一个园子。园中河流清澈纵横，树木繁茂，结满果实。上帝把亚当、夏娃安置在内。上帝告诉他们，园中所有的果子都可以吃，唯有一棵"知善恶"树上的果子禁止吃。亚当、夏娃受蛇的引诱，吃了禁果，结果人类自此就懂善恶、知羞耻。这个果子就是苹果，它代表智慧之果。苹果是人类最熟悉的水果，本身就极易建立起高的品牌认知度。其次，通过圣经的故事，苹果成为智慧的象征，赋予了品牌正面的喻义。苹果的 Logo 就是被咬过一口的苹果，咬掉的缺口唤起人们的好奇：想知道苹果的滋味吗？想要开启你的智慧吗？你来试试吧！这一品牌的命名堪称经典。

为使消费者记住，最便捷的品牌命名方法便是：借助熟悉的对象，如三只松鼠、六个核桃、曹操出行等；借助熟悉的场景，如认养一头牛、饿了么等。

境界二：富有内涵，寓意美好

有一家餐馆，给自己取的名字是"窝边草"。这个名字真是精彩。

国人想必都知道自然界中的一个奇怪现象：兔子不吃自己窝边的草，偏要跑到老远的地方去吃，而老远处的兔子又跑到这里来吃这里的草，这真让人费解。

在现代社会，大部分人处于快节奏、超负荷的工作、生活状态，工作一天，身心俱疲。出外找一个惬意的地方大快朵颐，想必是很多人的必然选项。外面的美食和在家里做饭所带来的体验截然不同。而且，"兔子不吃窝边草"是中国人家喻户晓的俗语，看一眼，不容易忘。

还有一个广为人知的品牌：宝马。提起宝马，估计没有人不知道吧。作为德国制造的以追求"驾驶的快乐"为定位的汽车品牌，宝马一进入中国，就受到许多人的喜爱，并且品牌的认知度非常高。它总是让人不自觉地与这个地球上最优良的马种——汗血宝马发生联系。汗血宝马所代表的是强健、力量、速度，这正是宝马汽车品牌想要传递给消费者的品牌形象。

境界三：品牌名称传递品牌核心价值

品牌核心价值是一组抽象的能够描述品牌最基本、最重要特征的产品属性或利益组合。品牌核心价值能够使消费者清晰地识别并记住品牌的利益与个性，是驱动消费者认同与偏好一个品牌的主要力量。以雀巢为例，它直接的意思就是鸟窝，但是更显优雅。它的品牌标识符号也非常生动：一只母雀在鸟巢悉心喂哺幼雀。这一品牌名称与它的符号共同传递给消费者的正是雀巢的核心品牌价值：关爱、家庭、温暖、安全。

有关公司、产品或品牌的命名方法，如表1-1所示。

表1-1 公司、品牌命名方法分类

类型	举例
1. 描述型：用文字描述产品或公司的事实	以人名、地名命名，如福特汽车、青岛啤酒 以工艺或成分命名，如LG竹盐牙膏、两面针牙膏
2. 暗示型：暗示了某种功能或价值	象牙让人想到洁白、柔和 飘柔让人想到头发的飘逸、柔顺
3. 复合型：由两个或更多个词汇组合而成，通常比单个词语具有更多的意思	Microsoft（微软）、波音737、奥迪A8、UT斯达康、美特斯·邦威、新郎·希努尔
4. 古典型：出自拉丁文、希腊文、梵文或文学作品	Oracle（甲骨文）、Lenovo（联想）、百度

续表

类型	举例
5. 随意型：与公司没有明显联系，通常用一些大家所熟悉的事物来表示	苹果电脑、猎豹汽车、亚马逊网上书店、狗不理包子、小天鹅洗衣机
6. 新颖型：由一些新造的词语组成	IBM、SONY（索尼）、Canon（佳能）、SAMSUNG（三星）、LG、TCL

资料来源：张明立，任淑霞. 品牌管理［M］. 2版. 北京：清华大学出版社，2014.

某装修公司的品牌命名

某大学生毕业后在昭通市当地一家装饰公司工作，经过多年的经验与资金积累，决定成立自己的装修公司，走上创业之路。公司注册，得起个好听的名字，那么该如何给公司命名呢？他陷入思索之中。你如果就职于策划公司，请问，你该如何帮他取个好听的名字？

要求：公司刚起步，实力还比较有限，名字应该简单易记，帮公司获得认知度。名字应该富有内涵，让人产生正面的联想。

学生分组讨论，成果如下。

方案一：唯馨意家

内涵解释：

唯馨——唯此家可得温馨。

意家——营造一个符合客户心意的家。

方案二：美意家

内涵解释：

美：为客户提供美丽优雅且简洁的装修风格，装修效果。

意：费用让您满意，质量让您满意，工期让您满意，材料让您满意。

家：意为一个舒适温暖的家，家和万事兴。

美意家，用心装好每一家！装修风格任你选！

方案三：华创

大众创新、万众创业。

环境保护的问题。
绿色生活的理念。
科技的创新。

方案四：方寸空间

家，可能很小，方寸之间。家，又能很大，它就是你的世界。方寸空间，彰显个性。

方案五：森源

现在都市人群对居住、装潢的要求越来越高，不再追求单一的视觉满足，更多地追求健康环保绿色的生活环境，由此诞生了森源装修公司。森源装修公司致力于做绿色环保装潢，在装修过程中坚决不使用高污染产品，为业主营造一个健康美丽的生活环境，为客户提供一个通往森林源头的通道。

方案六：悠然居

结庐在人境，而无车马喧。
问君何能尔，心远地自偏。
采菊东篱下，悠然见南山。
山气日夕佳，飞鸟相与还。
此中有真意，欲辨已忘言。

都市的生活日渐繁忙，人们的生活节奏也愈加紧凑。从喧闹的城市回到家中寻找一片温暖都已经成为一种奢望。悠然居，致力于为人们在烦恼的都市中建一个温暖的家。

方案七：拾木青

装修的第一要素就是健康。在纯正的大自然环境里，有着阳光，有着原木的清香；清晨第一缕阳光透过玻璃，光的影子照在新装修的地板上，光影与地板的颜色相呼应，能让我们拾起美好的记忆！

秉承环保的理念，就像原木一直保持着那一缕清香。青，更代表了树木颜色，有生机勃勃的感觉。

拾，表达了我们的目标：我们想拾起记忆里家的味道。

方案八：苹果匠

苹果：大众最喜爱的水果。苹果还寓意平安幸福。

匠，单字解释为有手艺的人，具有某一方面熟练技能。匠还取自工匠精神。工匠精神是一种在设计上追求独具匠心、质量上追求精益求精、技艺上追求尽善尽美的精神，蕴涵着严谨、耐心、踏实、专注、敬业、创新、拼搏等可贵品质。工匠精神体现在劳动者的价值追求和综合素质上，落实在产品的质量和生产的各个环节中。

方案九：新佳

新：焕然一新。

佳：美，好。

新佳，谐音——新家。

方案十：怡家

怡：和悦，舒适，安逸。

家：温馨，给人一种亲和力。

根据以上命名法则与命名方法，可将上述命名方案进行归类，如表1-2所示。

表1-2 品牌命名评级表

分类等级	命名方案
优秀	方寸空间 悠然居 拾木青
良好	唯馨意家 美意家 森源 苹果匠 怡家
一般	华创 新佳

参考文献

[1] 张明立，任淑霞. 品牌管理［M］. 2版. 北京：清华大学出版社，2014：76-79.

品牌内涵解读：午后奶茶

理论导入

　　品牌是消费者眼中的产品或服务的全部，即人们看到的各种要素集合起来所形成的产品的表现，包括销售策略、人性化的产品个性及两者的结合等，是全部有形或无形要素的自然参与。因此，品牌是综合的、复杂的。品牌依赖其内涵征服消费者，使消费者成为忠实顾客，进而成为企业的一种重要资产。品牌的内涵包括以下几点。

　　（1）功能属性。功能属性指对应于品牌产品特性的功能联想及品牌符号本身所表露出来的意义的象征联想。品牌的功能属性首先源于产品自身的特性，包括在产品说明书上注明的物流参数、技术参数、性能参数等。此外，由于产品本身丰富和优越的物理属性及企业实行的品牌营销战略或对品牌进行的投资，消费者对产品品牌有了较深层次的联想，这使得品牌的内涵除了产品本身以外，还包括附加价值，如功能担保属性等。

　　（2）利益属性。利益属性是指消费者拥有、使用某一品牌的产品时所获得的正面感觉，如身份、地位的象征等。这属于社会心理利益。其他实用利益还包括功能利益、体验利益和财务利益。

　　（3）价值属性。这种价值可以是功效上的价值，也可以是对消费者情感满足上的价值，还可以是关于消费者自我表达方面的价值。

　　（4）文化属性。品牌代表了一种文化，这种文化契合消费者价值观、生活态度、审美情趣、个性修养、时尚品位、情感诉求、社会地位、风格和气质等。市场上许多领导品牌代表了某个国家或民族的文化，如可口可乐代表了热情奔放的美国文化，香奈儿代表了浪漫高雅的法国文化，西门子代表了严谨、一丝不苟的德国文化等。

案例导入

午后奶茶的品牌内涵设计

一、华润与午后奶茶

说起午后奶茶，可能很多人喝过或见过，却很少有人知道它的背景。

午后奶茶原是日本麒麟饮料旗下的一款产品，原名是午后の红茶奶味茶饮料。追溯午后奶茶的历史，要从下午茶的起源说起。

公元1840年，英国维多利亚时代的一位名为贝德芙德的公爵夫人开创了一种精致、优雅的英式午茶文化。在此后100多年里，午茶文化虽在英国贵族社交圈内盛行不衰，然而因其自身的局限，没有广泛流传。

直到1988年，瓶装奶茶——午后奶茶诞生后，奶茶才成为一种可以随时随地饮用的大众饮品。为了纪念贝德芙德公爵夫人，午后奶茶以她的形象作为品牌图案Logo。

说起华润与午后奶茶的缘分，则要追溯到2011年。华润怡宝食品饮料（深圳）有限公司隶属华润集团下属香港上市公司华润创业。2011年，华润与日本麒麟饮料公司合资，推出了华润怡宝午后奶茶，品牌标识中保留贝德芙德公爵夫人的形象。

发展至今，华润怡宝旗下的饮品品类逐渐完善，拥有怡宝、加林山、零帕、午后奶茶及日方麒麟品牌授权的午后红茶系列、Fire直火烘焙咖啡、魔力系列等多个著名品牌。

二、午后奶茶的品牌标识解读

午后奶茶的品牌符号，来自贝德芙德公爵夫人个人肖像。以人物形象作为品牌符号本身就是个性的体现，因为世界上不可能有完全相同的人。奶茶代表了一种时尚的生活方式，而这种生活方式源于历史上的贝德芙德公爵夫人，这赋予该品牌厚重的品牌历史积淀。通过公爵夫人端庄的装扮，向消费者传达一种源自贵族的典雅的品牌气质。品牌标准色是淡咖啡色，透露出奶茶的饮品属性，让消费者与饮品发生自然的联想，并激发消费欲望。午后奶茶品牌标识如图1-2所示。

品牌内涵解读：午后奶茶

图1-2　午后奶茶品牌标识

三、午后奶茶的功能利益

功能利益是指由于产品所具有的功能而使消费者获得的利益。午后奶茶功能利益如表1-3所示。

表1-3　午后奶茶功能利益

图示	功能利益
进口奶源	优选来自进口天然优质牛奶，奶香纯粹、口感丰富、自然甜美
小叶种红茶	午后奶茶精选小叶种红茶，茶汤浓醇、滋味鲜爽、口感温和、馥郁持久、回味悠长、品质超群
北海道蜜瓜汁	采摘自北海道纯天然无污染的蜜瓜榨取果汁，全程冷链运输，保留新鲜风味

续表

图示	功能利益
调和技术	采用先进的调和技术，调出红茶与牛奶的最佳配比，不添加植脂末，不含反式脂肪酸，低脂肪
UHT超高温瞬时杀菌工艺	充分释放茶香茶味，与牛奶的香浓饱满自然融合在一起，酝酿了午后奶茶独有的香醇余味
无菌冷灌装技术	尖端无菌冷灌装技术，保留奶茶最为正宗、经典的风味与营养

四、午后奶茶的品牌价值及文化内涵

（一）源于贵族，定位优雅

1996年午后奶茶进入之中国市场以后，便以奥黛丽·赫本为形象代言人，产品概念与19世纪中叶英国午后茶的理念有机结合，平均终端价格高出同类产品近1元。

很多人会记得2003—2007年奥黛丽·赫本为午后奶茶做的广告，在短短的十几秒，赫本宛若重生般出现在电视屏幕上，让很多人惊叹不已。这条短短的广告片造价不菲，是利用当时最先进的视频技术，用赫本原有的影像资料合成，画面非常逼真，栩栩如生。

对于已传播多年的午后奶茶产品，品牌形象的累积较为深厚，只有对已有的品牌资产进行系统的梳理，延续其已有的风格，才能在继承的基础上开拓创新。

从午后奶茶的营销传播中不难看出，它一直力图向受众营造一种源自英国贵族、历久弥新的高档饮品形象。

（二）新时代优雅内涵的再认识

随着时代的变迁，人们对优雅的认知也在发生变化。对15～30岁的消费者进行调查发现，人们对优雅的定义已经不再局限于身着华服、举止端庄。从容淡定的生活态度成为这个时代真正的优雅。基于上述认知，午后奶茶的品牌传播策略相应发生了改变。在选择产品的代言人方面，为了与午后奶茶优雅的定位相契合，怡宝选择了具有恬淡气质的高圆圆担当品牌的代言人。由高圆圆出演午后奶茶的微电影《闺蜜》，这部微电影讲述了一对闺蜜之间关于爱情的认知，表达了"甜而不腻"的情感真谛。这部微电影希望向消费者传达的理念是，无论是工作、生活还是爱情，保持一颗从容淡定的心，不过于超脱也不过于执着，始终坚持自己对生活的追求。

参 考 文 献

[1] 张明立，任淑霞. 品牌管理 [M]. 2版. 北京：清华大学出版社，2014：37-57.
[2] 梁健航. 午后奶茶"优雅"营销 [J]. 新营销，2013（2）：56-57.
[3] 孟佳. 华润怡宝：奶茶营销也时尚 [J]. 中国品牌，2013（5）：62-64.

品牌识别设计：喜临门床垫

理论导入

品牌识别是指品牌所希望创造和保持的、能够引起人们对品牌印象的联想物。人们往往将品牌识别与品牌形象混淆，事实上，二者是不同的概念。品牌识别代表了企业希望品牌达到的状态，是企业的主动性行为；而品牌形象是从消费者角度出发，反映顾客在接收品牌信息后对品牌的总体认知与感受。通常我们所说的品牌形象设计，其实质是品牌识别设计。品牌识别设计包括品牌无形要素设计、品牌有形要素设计，具体如表1-4所示。

表1-4　品牌识别设计要素

品牌设计要素		内涵解释
品牌无形要素设计	品牌理念	是指得到社会认同、体现企业自身个性特征、促使并保持企业正常运作及长足发展的反映整个企业明确的经营意识的价值体系。品牌理念由企业愿景、企业使命和品牌价值观三部分构成
	品牌核心价值	Keller（2003）认为，品牌核心价值是抽象的，能够描述品牌最基本、最重要特征的产品属性或利益的组合。品牌核心价值是品牌权益的主体，它能够使消费者清晰地识别并记住品牌的利益点与个性，是驱动消费者认同与偏好一个品牌的主要力量
	品牌个性	Aaker认为，品牌个性是"品牌所联想出来的一组特质"。品牌个性既包括品牌性格，又包括年龄、性别、阶层等人口统计学特征。另外，品牌个性不仅包括心理学意义上的"个性"含义，还包括消费者从品牌中获得的情感利益和感受

续表

品牌设计要素		内涵解释
品牌有形要素设计	品牌名称	"最重要的品牌建设决策是为你的产品或服务命名，因为在长期的营运过程中，品牌除了名称没有别的。"品牌名称是企业最重要的资产之一
	品牌标识	品牌标识是品牌中那些可以被识别但不能用语言表达出来的部分。它是品牌视觉识别的核心，可分为文字标识、图形标识和图文相结合的标识三种
	品牌形象代表	指企业或组织为向消费者传递品牌产品的属性、利益、价值、文化、个性等特征所聘请的特殊人物或塑造出来的虚拟形象
	品牌口号和品牌音乐	品牌口号是关于品牌信息的记述或品牌承诺、思想传达的短语。品牌音乐指那些用以传递品牌内涵的声音效果
	品牌包装	指设计或制造的产品容器或包装物

案例导入

喜临门品牌识别设计

喜临门家具股份有限公司（简称"喜临门"）是国内床垫行业的领军企业，专注于设计、研发、生产、销售以床垫为核心的高品质家具。公司主要产品为床垫、软床及配套产品，公司核心产品床垫的年生产能力达100万张，是国内最大的床垫生产企业。

喜临门的成功具有一定的偶然性。先是依靠广告提升产品的知名度，吸引消费者关注，从而成为床垫行业的领军者。但是，如今喜临门的发展面临着新的商业变化。首先，消费升级。过去，全国床垫行业品牌集中度极低，缺乏在全行业叫得响的领军者。所以，广告效果助力喜临门成为行业的领先者。当消费者从简单产品功能性需求上升到对品牌的追求、对更高品质商品的体验性需求时，喜临门需要迅速顺应新的消费潮流。其次，原有品牌形象的老化。消费者对喜临门的品牌形象认知仍然停留在过去，无论是品牌无形设计还是品牌有形设计，都显得陈旧、缺乏新意。作为逐步走向国际的品牌而言，喜临门亟待对品牌形象进行设计与更新。反之，如不能完成品牌的升级，则必将为时代所淘汰。

一、喜临门品牌无形要素设计

1. 品牌理念：致力于人类健康睡眠

美国营销大师菲利普·科特勒有句名言："顾客购买的不是钻头，而是墙上的洞。"这句话深刻地揭示了营销的本质：满足顾客的需求。顾客对产品本身的需求，是一种表象需求、显性需求，它并不是真正的顾客需求。真实的顾客需求是深藏在显性需求之后的，也就是顾客通过一个产品及服务来完成某件任务或解决某个问题的过程与结果。也就是说，人们购买床垫，其实并不是对床垫本身有需求，而是希望通过床垫来达成更好的睡眠环境，从而带来更高睡眠质量的需求。

从这个角度来说，喜临门不应该是生产床垫的企业，而是致力于人类健康睡眠。如此，就是对消费者内心需求的深度洞察。

2. 品牌核心价值：倡导科学健康的睡眠方式

在现代社会，人们面临着来自家庭、工作、社会等各方面的压力，生活节奏加快，各种各样的重压、高强度的工作内容与高频次的加班可能成为很多人的常态。在这种压力之下，能睡一个好觉对于很多人来说都变得难得。因此，健康的睡眠是无数人的内心渴望。什么是健康睡眠？睡得好，睡得香，第二天起来身心放松，精力充沛。但是，健康睡眠受四个要素影响：睡眠环境、睡眠姿势、睡眠质量、睡眠时间。喜临门作为床垫产品，最直接解决的是睡眠环境营造问题，即睡具。所以，要想全方位解决问题，需要从多个方面来共同努力，教育消费者如何实现健康睡眠。

3. 品牌个性：高贵、典雅、美丽、时尚

个性品牌，才能建立消费者心目中最重要、最牢固的认知，为消费者所接纳。高贵、典雅、美丽、时尚都是能打动消费者、让他们产生认同感的个性诉求。

二、喜临门品牌有形要素设计

1. 品牌名称

喜临门品牌标识如图 1-3 所示。喜临门原来的品牌标识，从样子、色彩来看显得非常质朴，匹配的是中文名称的汉语拼音，没有时尚感，不利于国际传播。经过对喜临门品牌内涵的重新解读，右侧的新品牌标识符号无疑提升了一个档次。

品牌标识的内涵：SLEEMON = "SLEEP" + "MAN" + "MOON" = "月亮上的酣睡者"。

"镂空"运用，象征着产品良好的透气功能。

底部的人体曲线，突出了睡眠产品的特征，也彰显了床垫的健康舒适属性。

原有标识 现有标识

图1-3 喜临门品牌标识

2. 产品精致化

喜临门床垫十分注重透气性,并且床垫完全可水洗,既保证了干净,又保证了透气干爽。依据人体工程学分七个区域设计,顺应人体的曲线,完全贴合身体,全方位保护人体的脊椎。喜临门所生产的床垫两面的软硬度是不同的,能够很好地满足不同消费者的需求,并且非常适合消费者的床垫使用习惯。

喜临门乳胶床垫柔软舒适,不管是床垫内层还是床垫表层,都分布有许多细密的小孔,可以通风透气,可以避免螨虫和细菌滋生,达到环保效果。采用高档混纺面料,主要填充料为纳米海绵、高科棉、弹力棉等。喜临门以提高睡眠质量、诠释健康睡眠理念为己任,制作良心产品,致力于帮消费者找回好睡眠,为消费者创造更大化的健康睡眠福利。

3. 品牌形象代言人

喜临门意在打造一个国际化专业睡床,品牌个性是高贵、典雅、美丽、时尚。因此,如果选定品牌形象代言人,须与其品牌定位和品牌个性相吻合。该品牌最终选定的是影星巩俐。

4. 品牌口号:美丽是睡出来的

追求美丽帅气是每个人发自内心的渴望,女人男人都是如此。怎样实现美丽?是追求价格不菲的化妆品,还是有一个健康的睡眠,让自己精气神十足,从而自内而外地释放魅力?这正是喜临门所要表达的。

5. 品牌传播

品牌事件举例:巩俐亲笔签名的床垫拍卖;全球招募睡眠体验员……

品牌故事:两位"杜拉拉"的面子之争(中年职场女性面临激烈竞争,面容憔悴,因为搬家,用了喜临门,睡眠质量得以改善后,容光焕发,重树职场自信)

6. 品牌文化:健康睡眠知识的传播

喜临门,致力于人类的健康睡眠。

科技创造新睡眠。

美丽是睡出来的。

睡眠的核心是床垫。

喜临门床垫带您进入深度睡眠。

男女睡眠关系揭示健康问题。

新睡眠时代，你准备好了吗？

健康睡眠脊椎知识。

什么是失眠？

科学睡眠小知识。

十大必须改的睡眠恶习。

……

7. 让品牌激发情感的联想

选择 5 月 20 日进行促销主题活动：520 爱的就是你。我爱你，让爱见证我们一生一世，爱的经典表达，深层呵护你的脊椎。

参考文献

[1] 张明立，任淑霞. 品牌管理［M］. 2 版. 北京：清华大学出版社，2014：63-88.

[2] 常白，王骊棠. 品牌管理实战［M］. 北京：机械工业出版社，2012：77-105.

品牌定位的本质
——差异化：李维斯（Levi's）、LEE

理论导入

品牌定位是根据竞争者现有品牌在细分市场上所处的地位和顾客对品牌产品某些属性的重视程度，塑造出本企业产品与众不同的鲜明个性或形象，并传递给目标顾客，使该品牌在细分市场上占据强有力的竞争位置。由此可见，定位的基础就是差异化，做到与众不同。

差异化可以细分为以下几个角度。

（1）产品差异化。也就是从产品的质量、设计、款式、工艺制作等方面实现差别。

（2）服务差异化。向目标市场提供与竞争者不同的优异服务，从而对顾客产生强烈的吸引力，让顾客满意。

（3）人员差异化。通过聘用和培训比竞争者更优秀的人员以获取差别优势，使专业化的客户沟通转化为营销力。

（4）渠道差异化。将产品从厂家传递给顾客所经的途径与竞争对手有所区割。

（5）形象差异化。在产品的核心部分与竞争者类同的情况下塑造不同的品牌形象，以获取差别优势。

（6）文化差异化。品牌需要将企业所奉行的价值理念通过品牌传递给消费者。产品的差异是外在的表现形式，文化价值理念上的差异才是深层次的差异，才更符合消费者的心理需求。

品牌定位包含有以下几个要素。

（1）目标消费者。品牌必须确认对品牌忠诚起重要作用的一批拥护者是什么样的消费群体,谁最有可能购买。

(2) 消费者心理。品牌定位是预设品牌在目标消费者心理空间的位置,只有了解目标消费者的心理,才能建立他们的心理空间。

(3) 竞争性框架。明确自己的位置,建立品牌的竞争优势。

(4) 利益点。利益点就是能撼动消费者心灵的产品利益。

(5) 理由。要清楚地讲述自己品牌的产品和其他品牌产品的区别。

(6) 品牌个性。品牌犹如人,有个性也就意味着有思想,忠诚于某品牌的消费者,在某种程度上也是对该品牌所表现的个性、价值和文化的认同。

案例导入

李维斯(Levi's)、LEE差异化的品牌定位

一、李维斯(Levi's)的品牌定位

李维斯(Levi's)是全球著名的牛仔裤品牌,有着100多年的历史,是牛仔裤的"鼻祖",也是领导品牌,象征着美国野性、刚毅、叛逆与美国开拓者的精神。

李维·斯特劳斯(Levi Strauss)于1847年从德国移民至美国纽约。1853年,这个做帆布生意的犹太人趁着加州淘金热前往旧金山。他把一批滞销的帆布做成几百条裤子,拿到淘金工地上推销,大受淘金者们的欢迎。1855年,斯特劳斯放弃帆布,改用一种结实耐磨的靛蓝色粗斜纹布制作工装裤,并用铜钉加固裤袋和缝口。这种坚固美观的长裤迅速受到市场的青睐,大批订单纷至沓来。李维·斯特劳斯用自己的姓名Levi's作为产品品牌,并在旧金山开了第一家店。这就是李维斯品牌起源的故事。

今天,牛仔裤已经成为既可以表现各个年龄层健康,同时在任何时候穿都不会落伍的"时装"。在所有的牛仔裤品牌中,李维斯像一棵百年常青之树,从出现之日起,就天然地同美国的淘金热、西部牛仔联系在一起,甚至成为美国历史的一部分。世界上很难有一种服装品牌能够像李维斯这样历经100多年的风风雨雨,从一个国家流行到全球,品牌个性始终如一,并且成为全世界男女老幼都可以接受的时装,这不能不说是李维斯品牌创造的一个世纪神话。

问题嵌入:基于品牌定位要素,分析并总结李维斯(Levi's)牛仔裤的成功。

1. 目标消费者:谁是Levi's的核心目标顾客?

年轻人,男性为主。

2. 消费者心理：Levi's 核心顾客的消费心理是什么？

追求时尚、绽放青春气息、个性突出、洒脱自由、性感、酷……

3. 竞争性框架：什么是 Levi's 的竞争性框架？

最大的服装生产企业。

创新：（1）李维斯公司开发了宽松的"500"和"条纹"系列牛仔裤，开发了针对新一代青年人的休闲服装系列，获得了巨大的成功。

（2）开展了一项牛仔裤顾客定制化的活动，以满足全球消费者的要求。

（3）多样化选择：仅蓝色牛仔裤就有两百多个不同的风格款式。

（4）效率提高使李维斯公司的销售额大幅度上升，使它能够在全世界以较低的价格销售自己的新款服装并以此吸引消费者。

……

4. 利益点：什么是 Levi's 的利益点？

不同的裤，相同的酷。

5. 理由：如何清楚地告诉消费者自己品牌的差异化？

对于年轻人来说，牛仔裤是衣橱里必不可少的装备，牛仔裤穿着随意自由，能够搭配各种款式的休闲服。质地和剪裁好的版型不但能弥补缺陷，并且能提升气质。而昂贵的品牌不但经久耐用、穿着舒适，更重要的是一种精神上的享受和满足，所以没有人能否认牛仔给服装界带来的震撼。

6. 品牌个性：Levi's 的品牌个性是什么？

（1）款式新颖。李维斯开辟了牛仔裤市场，被认为是最正宗的牛仔品牌。每当李维斯品牌向其顾客宣传时，一定要让顾客感到它与众不同，而且创意独特。李维斯自成一体，而且为了保持新颖性，不断打破成规。

（2）阳刚之气。李维斯是为进行强体力劳动的男士而设计的，阳刚之气及"酷"是其品牌个性的核心。

（3）性感。穿上李维斯的男男女女，散发出富有磁性的魅力和信心。这种魅力不只缘于外表，而且缘于品牌所体现的机敏与智慧。

（4）青春活力。20 世纪 50 年代，李维斯为美国年轻人所接受并从此流行，牛仔裤成为青少年的常穿服装。如今，牛仔服装总让人与青春紧紧地联系在一起。

（5）叛逆精神。李维斯从来不被看成循规蹈矩的传统社会的一分子，它随时准备向传统挑战。

（6）突出个性。李维斯从来不怕与众不同。它坚信自己不仅需要得到同行的尊重，而且在必要时也应有强烈的个性。

（7）自由轻松。穿上李维斯，自由又轻松。它摆脱了日常生活的嘈杂与忙碌，摆脱了可能阻碍自由行动的责任和义务。

（8）美国传统特征。李维斯具有美国特色，但它并不想将美国的意识形态和价值观强加于人。

二、LEE 的品牌定位

LEE 是创建于 1889 年的美国著名牛仔裤品牌，追求实用与时尚，创造了经典的吊带工人裤，生产了世界上第一条拉链牛仔裤。凭着其首创及经典设计，LEE 牛仔裤成为牛仔裤坛的经典与权威，被誉为世界三大牛仔裤品牌之一。1975 年，LEE 品牌的女装牛仔裤问世，名为"FIT FOR GIRLS"的女装牛仔裤系列随之产生。随后，LEE 公司又先后创立了适合各个年龄的品牌系列，建立了稳固庞大的牛仔王国。时至今日，LEE 的悠久历史令它成为美国牛仔裤的一大主流。它的产品无论在传统还是前卫的角度上，都保有一定的水准和价值，成为既经典又时尚的牛仔裤的符号。

正如前面分析的，李维斯（Levi's）品牌创立于 LEE 之前，因此，LEE 的成功须建立在与李维斯品牌形象与品牌定位的区别之上，如表 1-5 所示。

表 1-5 李维斯（Levi's）与 LEE 的品牌定位对照表

李维斯（Levi's）定位	LEE 定位（差异化）
时尚	时尚
青春气息	青春气息
阳刚、性感	女性美、贴身、舒适
叛逆	休闲

参 考 文 献

[1] 张明立，任淑霞．品牌管理［M］．2 版．北京：清华大学出版社，2014：93-113.

[2] 阿尔·里斯，杰克·特劳特．定位：有史以来对美国营销影响最大的观念［M］．谢伟山，苑爱冬，译．北京：机械工业出版社，2011.

[3] 王红焱．论品牌定位及其实施策略［J］．当代经济，2018（5）：100-101.

品牌文化的大成之作：功夫熊猫

理论导入

国内学者李光斗认为，品牌文化是指文化物质如经营观、价值观、审美观等观念形态结晶在品牌中的积淀和品牌经营活动中的一切文化现象，以及它们所代表的利益认知、情感属性、文化传统和个性形象等价值观的综合。品牌文化体系结构如图1-4所示。

图1-4　品牌文化体系结构

案例导入

《功夫熊猫》的品牌文化营销

近年来,随着中国综合国力的不断攀升,中国电影票房市场在全球所占比重也日益增长,中国元素在好莱坞电影创作中俨然成为一种风潮。为了在中国的巨大市场中占有更多份额,许多电影中不仅出现了中国元素,甚至将其作为卖点,以获得高额的票房利润。最具代表性的影片是2008年上映的好莱坞动画片《功夫熊猫》,影片中的中国文化元素无处不在。

一、《功夫熊猫》——把握中国文化元素

1. 中国国宝——熊猫

影片中的主人公阿宝是熊猫。熊猫是我国特有的珍稀动物,也是世界上极负盛名的濒危动物。我国古籍中把大熊猫称为"貘"。汉朝初年的《尔雅》一书中便有"貘体色黑驳,食竹"的记载。汉代著名文学家司马相如在《上林赋》中列举了当时咸阳上林苑饲养的近40种异兽,熊猫名列首位,可见熊猫在当时就已经被人们视为珍贵的名兽了。随着我国同世界各国人民日益广泛的友好往来,熊猫作为友好使者,频频出访,轰动了全世界。大熊猫就像一颗璀璨的明珠,是中国的国宝。而动画片中这只胖胖的可爱熊猫,就是中国的文化符号。

2. 中国功夫

功夫也是影片中比较突出的中国符号。李小龙在《精武门》《唐山大师兄》等影片中展示的精湛武术震惊世界,他主演的功夫片风行海外,中国功夫也随之闻名于世界。许多外文字典和词典里都出现了一个新词:"功夫"(Kung Fu)。不少外国人心目中的功夫就是中国武术,在世界上很少有一位武术家能像李小龙一样突破国家、种族的界限,并且在去世后声威依然不减。他的功夫电影也在某种程度上引发了中国文化热。《功夫熊猫》中的中国功夫,如浣熊师傅的"一指禅"、太极和吴式断骨指,以及场景、五形拳、飞檐走壁、太极等,都参考了成龙、李连杰及李小龙的功夫电影。情节设置方面,如徒弟叛变、入门受欺、参悟功夫真谛等也都与20世纪七八十年代的港片如出一辙,片中人物的一招一式都有模有样。在影片中至高无上的武功被称为龙之典。龙是中华民族的象征,龙之典的秘籍就是无,意思就是以无招胜有招,真正的武功是不能用语言来描述来的。金庸曾经说过:"每个华人心中都有一个武侠梦。"影片中的猴拳、鹤拳、螳螂拳等我们从小就知道的功夫招式是那样让人熟悉和怀念。

3. 道家观念：天人合一

龟大师能够道破天机。把乌龟作为至尊，是传统道家思想的主要表现，龟的境界是道家的最高境界。道家主张顺其自然，要实现真正的自由，要放开一切束缚。龟大师选择熊猫阿宝作为神龙斗士，是因为龟大师看到熊猫代表的就是天命，就是自然，这符合我国传统道家的观念。从熊猫的黑白两色引出阴阳太极，又从阴阳太极引出大自然的生生不息，飞流直下三千尺的瀑布、云雾缭绕的山林正是这生生不息的大自然的体现。在这一片气势恢宏却又祥和恬静的大自然中，人的心灵是舒展宁静的。摒弃一切功名利禄、恩怨仇恨，让心灵和大自然融为一体，达到"inner peace（内心安宁）"的境界。在《功夫熊猫》中乌龟大师提到了修炼的最高境界，并且把它传授给浣熊师傅，但是这一观念在《功夫熊猫2》中才真正得到强化并作为主旨。内心安宁的粗浅理解是放下仇恨与过去，但实质上表现的是中国传统的天人合一观念，是人与自然、人与人、自我内心种种层面的和谐。影片中，浣熊师傅和熊猫大侠脚画太极、心静神宁，掌风运转可以让一颗从岩石上掉下的露珠改变轨迹而从绿叶上轻轻滑落到水流之中，可谓是神来之笔，把中国天人合一的道家文化阐释得恰如其分又极具美感，赢得更多票房的同时也得到了更多东方观众的认可。

4. 传统教育理念：因材施教

一开始，主人公阿宝是和平谷里最懒的一只熊猫，没有一点武功底子，推着车去比武场看热闹，没上几个台阶就累倒了，动作非常笨拙，然而它还是坚持住了，最终爬到了目的地。阿宝没有一点跟功夫有任何联系的形象，梦想却是能够成为一代大侠——惩恶扬善，打抱不平。影片最后，阿宝凭借着自身的努力、顽强的意志，刻苦学习，最终学会了功夫。这其实蕴含了中国自强不息的文化精神。熊猫阿宝最终能成为神龙勇士，主要在于自身的努力和坚持不懈，同时师傅浣熊的教导也是非常重要的一个方面。阿宝偷吃食物时居然能腾空跃起，这个细节被师傅发现。浣熊师傅在以后的训练中，用食物来激发阿宝的潜能，不断地对阿宝进行训练，这表现了浣熊师傅能够根据阿宝的特性来教育，体现出我国传统的教育理念：因材施教。

5. 儒家思想

儒家思想是中国的传统文化，对中国的影响很深。儒家思想也称为儒教或儒学，由孔子创立，后来逐步发展为以"仁"为核心的思想体系，是中国古代的主流意识，对中国、东亚乃至全世界都产生过深远影响。贯穿整个影片的思想无异于"仁义"精神，这也正是儒家思想的精髓。大龙武功高强，是师傅的得意门生，却违背仁义道德，大逆不道，为了一己私利，滥杀无辜，这些行为注定他无法成为神龙勇士。而外表看似笨拙、驽钝，内心正直的阿宝除暴安良、惩恶扬善的行为正是仁义之举，与儒家思想不谋而合。

除此之外，片头剪纸画是中国特色标志动画，长达6分半钟融合了剪纸、泼墨、皮影戏等多种中国文化符号。《功夫熊猫》中处处是中国元素，包子、面条、烟火、青城山……这些生活中我们国人常见的东西，都被整合到电影中，让人备感亲切。影片中的服装穿着、饮食习惯、民俗风情及节日也跟中国一样。更难能可贵的是，《功夫熊猫》在语言运用上更加贴切中国的现代文化，"忐忑""神马都是浮云""萌"等网络词汇和当代流行语也被运用到电影中，复古与时代相结合，更具有吸引力。正是如此贴近消费者，触动消费者内心，才让这只来自美国的熊猫如此成功，如此受欢迎。

综上所述，《功夫熊猫》系列自上影以来，受到了中国及世界人民的普遍喜欢，其背后的主要原因在于对一个电影品牌中的文化元素的合理应用。

二、《功夫熊猫》对中国电影开展品牌文化营销的启示

1. 文化营销是市场营销的新思路

《功夫熊猫》中蕴含着不同的文化，不同文化之间只有和谐对话，求同存异，才能实现文化的互补以及本土文化的不断增值。文化的相互融合已经成为一种不可避免的趋势，是符合历史潮流的，文化必须开发，才能求同存异，相互发展。现今世界文化产业处在蓬勃发展时期，一些欧美电影除了本身的商业运作之外，其在经营活动中展示了独特的文化营销策略，体现出人文精神和文化内涵，在全世界范围内建立起一片极具影响力的文化乐土。成功的文化营销策略的运用，使一些著名的文化品牌经久不衰。我们能做的就是深刻自我反思，寻找问题的所在，思考为什么中国的电影不能走出国界。我们拥有五千年的灿烂文化，从全面的以及发展的眼光去了解自身文化，合理地看待中国文化的传播与融合，才是对待文化的应有态度。我们应该注重本土文化的文化营销，使中国传统文化不断走向世界。物质资源会枯竭，唯有文化才能生生不息。文化是土壤，产品是种子，文化营销好比是在土里播种，培育出品牌这棵幼苗。文化营销在市场营销中占有举足轻重的作用，是市场营销的新思路。

2. 探寻目标顾客的文化需求，实现电影文化定位

文化营销要求电影的文化开发策略，除了体现电影的文化内涵以及品牌和企业自身的文化价值之外，更要求电影的设计文化能够紧扣消费者的文化需求，只有真正打动消费者的东西才能更具魅力，从而提升电影的附加值。为赢得更多的票房，同时得到更多的东方观众的认可，好莱坞在制作《功夫熊猫》时可以投入巨大的精力和时间来研究中国的文化并在银幕上表现出来，这是非常值得中国电影界学习的。

在当今的文化营销市场上，我们不难看出，文化在其中起到了不可估量的作用。经济的发展和物质生活的富足，使人们对产品的要求不再拘泥于物质功能，更加倾向于有情感附加值的电影。中国的电影在走向国际的时候，还要加强对本民族文化的深刻理解。悠久的历史决定了我们具有博大的文化积淀与厚度，关键是要沉下心来，用心挖掘民族文化的精粹，用国际上更易接受的语言、画面符号、动作来发出我们文化自信的强音。只有灵活运用文化营销，才能让中国电影走得更远。

在拍摄电影时，关注顾客的文化背景和营销策略，把消费者认同的文化与所想要传递的文化价值观相结合，在拍电影的过程中创造新文化，满足消费者的文化需要。通过文化的渗透赋予电影文化气息和情感色彩，满足消费者的心理，实现电影与文化需求之间的联系，形成消费者的电影文化偏好。文化中的一些精华作为人类精神生活的最高享受，是被人们所推崇的。电影文化定位就是塑造电影在细分市场中的位置。

（1）必须对目标市场进行定位。必要时须通过调查研究等统计手段，明确自己的目标消费者或目标市场，并得出目标顾客对该类电影的文化需求。

（2）对电影加以研究和分析。分析能够满足目标市场的文化需求，这个过程需要不断地进行市场测试并注入文化因素，直到电影满足消费者的文化需求为止。

（3）努力找出与竞争对手在文化层面的差距，才能在竞争中脱颖而出。在电影开发过程中导入文化因素，从而提升电影的附加值。

3. 借助文化的感染力，放大电影宣传效果

电影宣传是指利用广告、公共关系、营业推广或人员推销等宣传手段，向目标顾客传播具有说服力的信息，刺激受众，最终达到目标。也就是说，电影宣传实质上是与外部环境中的顾客或社会公众的说服性沟通过程。随着社会的全面进步，人们消费观念、水平和层次提高，电影宣传过程中文化的作用在不断提升，文化越来越成为电影宣传的利器。电影《功夫熊猫》中，阿宝带来的欢笑让人难以忘怀。笑是没有国界的，正是这样的欢乐才更加吸引观众，也才更加抓住消费者的心。好莱坞电影的素材源于各国文化，在《功夫熊猫》中，影片表层展现的是中国功夫和异域风情，其内核里包含着"勇气与责任"的励志主题，熊猫阿宝的成长，可以见于任何一个国家的任一青年身上，这种情感和追求正是我们要广泛倡导的。有了这个思想基础，电影能够引起不同国度、文化、年龄的人们心灵共鸣便不足为奇了。可以说，影片中所表达的中国文化几乎都被处理得"与世界接轨"，也让一只中国的熊猫成功赢得全球票房。《功夫熊猫》的文化宣传可以说是非常到位，目标群体很容易接触到。在麦当劳吃快餐，麦当劳的可乐杯子上印的是"神龙大侠"和"功夫五侠"的合照，麦当劳的门上贴的是带着阿宝灿烂笑

容的大头贴,展柜上放的是功夫熊猫的公仔,整个麦当劳变成了《功夫熊猫》的天下;在超市里,家电企业利用功夫熊猫的形象宣传,电视上不断在重复播放功夫熊猫的预告片和片段……这样无孔不入的文化营销传播,让消费者接受和了解《功夫熊猫》。正是《功夫熊猫》环环相扣的文化宣传,才使它获得了巨大成功。

4. 爱、善良、正义是人类社会最核心的价值准则

中国有五千年的灿烂文化,而现今中国文化无法推向世界正是因为目前中国电影产业界缺乏文化营销,甚至缺乏对本国文化的深层次理解。《功夫熊猫》能够取得成功,最重要的一点就是它彰显了以爱、善良、正义为代表的人类社会最核心的价值准则。

(1) 善良战胜邪恶。这是一个永恒的旋律,也是广泛受到大家认同的。正是因为这样,心地不善、自私的大龙,最终败在了熊猫阿宝的手下。

(2) 尊师重道。这一点对于张扬个性的西方人来说,似乎和他们的生活有点距离。但是从影片里面对乌龟大师的尊重可以看到这些西方的电影创造者对这一品质的宣扬。

(3) 责任感。这一点,西方和东方没有太大的区别,但是不管怎样,责任感、使命感是得到认同的。正是因为这样的品质,浣熊师傅自己抵御大龙,为村民们争取更多转移的时间,也正是因为这样,熊猫阿宝敢于面对大龙。

(4) 爱。不管是亲人之间的、朋友之间,还是人和人之间,爱是一个永远的主题。只不过不同的人,因为文化、宗教、种族等的分别,表现的方式不同而已。

(5) 追求梦想。当我们看到卖面条的熊猫阿宝终于实现了自己的梦想,成为一代宗师的时候,相信大家也认同,一个人通过努力不懈追求,可实现自我,超越自我。

我们只有从全面的以及发展的眼光去了解自身文化,才能对电影制定更切实的文化营销策略。因此,引入文化营销观念,是当前中国电影业发展的切入点和重点。

参 考 文 献

[1] 张明立,任淑霞. 品牌管理 [M]. 北京:清华大学出版社,2014:147-165.

[2] 张先洪. 企业产品文化营销策略研究 [J]. 经济研究导刊,2012(15):178-179.

[3] 张明立,任淑霞. 品牌管理 [M]. 2版. 北京:清华大学出版社,2014.

品牌传播：理查德·布兰森和他的维珍集团

理论导入

品牌传播是指品牌所有者通过广告、促销活动、公共关系、人际沟通等多种传播策略及各种传播工具，与外部目标受众进行的一系列关于品牌资讯的交流活动。它以构建品牌、维护品牌与消费者及其他利益相关者之间的正向关系为目标，旨在促进目标受众对品牌的认知、体验和信任，从而最大化地增加品牌资产。品牌资讯的类型如表1-6所示。品牌传播媒体的主要类型如表1-7所示。

表1-6　品牌资讯的类型

资讯类型	内涵解释
计划资讯	由广告、促销、个人销售、新闻发布、事件、赞助、包装以及年报等传递的品牌资讯
非计划资讯	包括与品牌或与企业有关的新闻、故事、流言，特殊利益群体的活动、交易的评价和竞争者的评论，政府机构或研究所的发言及口头传闻等
产品资讯	包括产品设计、性能、定价和分销等传递的所有信息
服务资讯	是从与一个企业的服务代表、接待人员、秘书、送货人员及其他相关人员的接触中获得的

表1-7 品牌传播媒体的主要类型

资讯类型	内涵解释
广告媒体	如广播、报纸、杂志、电视、直邮、路牌、灯箱、交通工具、互联网网页广告等
公共关系	指一个企业或组织为改善与社会公众的关系，促进公众对组织的认识、理解及支持，达到树立良好组织形象、促进商品销售等目的的一系列活动
销售促进	指促销活动，它能够强化品牌资讯，使品牌得到增值。如样品赠送、优惠券、折扣、特价包装、现金返还、累积返点、奖励、现场演示、协同促销等

案例导入

理查德·布兰森和他的维珍集团

"快乐，并让工作成为生活的一部分！"这就是理查德·布兰森的成功秘诀。

理查德·布兰森（Richard Branson）是英国维珍（Virgin）品牌的创始人，一位极具传奇色彩的亿万富翁，叛逆、大胆、高调是他的标签。

布兰森15岁创办杂志，在20世纪70年代从一间电话亭大小的办公室白手起家，后进军唱片业，让滚石乐队、珍妮特·杰克逊和菲尔·科林斯成为其旗下歌手。20世纪80年代，布兰森通过维珍航空一举成功。

对布兰森来说，人生的核心就在于乐趣。"维珍成功的秘密就是乐趣，我做的每一件事，都是出自乐趣。"理查德·布兰森也将这种理念贯彻到自己的品牌营销中，他可能是"品牌人格化"实践的先驱。

一、布兰森的自我营销

与其说是布兰森创造了维珍品牌，还不如说布兰森早在20世纪，就成功地实现了从自媒体到自商业的成功实践：将品牌定义为与用户的终身关系，其实也就定义了自己与用户的终身关系，做自己最擅长的事——自我营销，也就成了一种顺理成章的选择。

二、极具娱乐精神

在建立维珍航空公司的时候，布兰森收到了来自英国航空鼻祖Freddie Laker爵士的建议："确保你的广告出现在报刊的封面上，你要用尽一切手段推销自己，不然你无法在这个行业生存下去。"布兰森视这条建议为他从商生涯中最好的一条建议。

布兰森极具娱乐精神，坚持恶搞自己、娱乐大众，这种"不把自己太当回事"的定位，实际上拒绝了传统的"CEO 声誉管理"，它帮助维珍品牌以娱乐话题的方式，走进全体英国人的普通生活。

布兰森常说："我觉得做人不必太严肃。维珍现在名列世界最受人尊敬的五大品牌之一，它和好玩画上了等号。我觉得假如能逗大家笑，就算让自己出丑，也对品牌无害。"

三、热衷冒险，制造话题

有时候，理查德·布兰森的举动确实远远超出了作秀应有的程度！1986 年，他的"维珍大西洋挑战者二号"以有史以来最快的速度穿越大西洋；一年后，"维珍大西洋飞行者"号热气球成为第一个飞越大西洋的热气球。1991 年，布兰森驾驶更大的热气球从日本飞越太平洋至加拿大北部。2004 年，他驾驶一辆詹姆士·邦德式的水陆两栖车在两小时内穿越了英吉利海峡。

这种种惊世之举，让布兰森广为人知，也让维珍的品牌以极少的费用就获得了大范围的传播，并将"反传统，标新立异，不拘一格"等个性深深烙印于其中，从而吸引"不循规蹈矩、时尚、反叛的人"选用维珍品牌提供的产品和服务。

四、写作表达观点

如果我们认为布兰森的个人营销只限于冒险和作秀，那难免会让我们对他的了解流于表面。实际上，在布兰森的人格标签里，除了商人、冒险家、行业颠覆者和嘻哈资本家之外，还有一个很重要的身份——作家。

理查德·布兰森的充沛精力让人羡慕，他是一个勤奋而高产的专栏作者。除此之外，他还是《一切行业都是创意业》《商界裸奔》《当行善统治商业》《理查德·布兰森自传》《飞天传奇：人类探索飞行的故事》等多本畅销书的作者。

对于一个要践行品牌人格化，以强烈个人魅力感召人的"太阳型"CEO 来讲，实际上没有比写作这件事更简单、成本更低而性价比更高的方式了。过去你仅仅需要纸笔，现在可能你仅需一台电脑或者是只用手机也可以。

从写作这件事上看，理查德·布兰森早就勤于并精于内容营销之道，他的思维开阔，语言丰富多彩，懂得将自己完美地嵌入能带给读者价值的故事中。写作帮助布兰森成功地延伸出与用户的情感联系，让他更有可能与用户发生他所期待的那种"终身关系"。

五、布兰森的营销案例

2012年6月2日,伦敦奥运会开幕前夕,为了纪念英国女王伊丽莎白二世登基60周年,英国维珍大西洋航空公司(Virgin Atlantic)在美国联合广场(Union Square)举办了一场脑洞大开的"逗笑皇家卫兵"(Make the guard laugh)营销活动。活动规则是:谁能在一分钟之内逗笑"皇家卫兵",谁就能领取一张去伦敦看奥运会的免费机票。

于是,有人学牛叫,有人说笑话,有老人在跳舞,还有天真小孩做鬼脸,为了逗乐以"黑脸"著称于世的"皇家卫兵",大家极其所能。

对这场营销活动来说,游戏是行人获取免费机票的优势,也是品牌获得消费者青睐的优势,人们可能会拒绝硬生生的产品,但很少会拒绝令人开怀的游戏。

原本一场看似平淡无趣的航空公司机票促销活动,也因此演变成一场男女老少皆参与的全民逗笑大互动。

据统计,大约有15 000名群众以各种各样的方式参与到该活动中。

该活动得到了《纽约时报》《纽约地铁报》《纽约每日新闻》《路透社》《图片社》等三十多家英美主流媒体的争相免费报道,以及社交平台和各大新闻网站的百万人转发和关注。

在这次活动中,维珍航空以这种另辟蹊径、以小博大的营销方式,用极低的成本获得了大众的认可,潜移默化地将消费者转换成潜在用户甚至是用户。

六、布兰森认为创业者应该做的几件事

布兰森认为,创业者和商界领袖应该做到以下几件事。

(1)旅行。布兰森表示,对于年轻创业者来说,访问其他国家和体验不同的生活方式非常重要。"去看看法国正在发生什么,再去看看英国,看看中国。"即使没有其他收获,接触到解决日常问题的不同策略,也可能给创业者带来灵感和启发。"如果你自己想不出好的点子,你会发现在别处还有其他好点子。"

(2)记笔记。布兰森认为,为了"最大限度挖掘出人们的潜力",领导者要"表扬而不是批评"。同样,他眼中的领导力基于多听少说的能力。而在实践中,这意味着记笔记。至少在这方面,布兰森是一位现实主义者:"如果你不将事情落在纸面上,你如何能记住别人告诉你的话?恐怕连一半也记不住。"

(3)内部招聘。从外部聘用公司首席执行官,确实有一些好处,这是不可否认的。外部聘用的人选可以带来新鲜的视角,可以推动必要的改革,这也解释了为什么越来越多的大型上市公司正在采取这种做法。

但布兰森却尽量避免这样做。他说道:"我们很少从外部招聘。"从公司现有

的人才库中进行挑选，意味着不会招聘到有明显缺陷的人，更重要的是，从内部招聘可以鼓舞士气。"如果你从内部招聘，整个公司都会感到高兴；因为这意味着他们未来也有机会进入公司的高层。"

布兰森说，他之所以被认为创业领域的典型代表，主要是因为他能不断尝试，并且不论成功还是失败，他都能从这些经历中总结出经验教训，用于下一次冒险。

到目前为止，他的创业源动力来自哪里？他说道："我在很早的时候就知道，商业很简单，就是想出一个点子，让人们的生活变得更好。有些最优秀的公司之所以诞生，正是因为创业者最初对其他人对待自己的方式感到不满。"

七、维珍集团的品牌奥妙

维珍将品牌不断延伸至通信、互联网等高科技领域，如维珍的门户网站，不仅是世界上最好的企业网站品牌之一，更是消费者可以自我做主的天地。消费者可以在上面订购他们感兴趣的任何生活物品，体验各种潮流的娱乐方式。这些产品和服务没有多大的关联性，并没有所谓的主导产业，这似乎是品牌延伸的禁忌，但如果换一个角度，就会知道它的奥妙。

首先，维珍不只是做一桩生意，它意味着一个品牌。在布兰森的自传《失去处女之身》（*Losing my virginity*）中提到，19岁时，一本杂志的记者访问他为何将新公司取名为"Virgin"（中文意思是"处女"），他解释说，因为"处女"这个名字比较性感，易让人产生联想而过目不忘。其次，维珍不止是一个品牌的名字，它更意味着一种生活态度：自由自在的生活方式，叛逆、开放、崇尚自由以及极度珍贵的浪漫。

维珍鲜明而独特的个性和文化为其品牌延伸提供了基础。"维珍"的品牌符号是理查德·布兰森手写的"Virgin"，这与传统的四平八稳的铅印字形成鲜明的对比，当大多数消费者把维珍看成品质、价值、创新、娱乐、挑战的代名词时，他们能感觉到维珍不仅仅是航空、CD或者保险。维珍绝不将品牌等同于某一项产品或服务，这样就不会限制它跨行业的延伸。虽然在各个行业里，维珍集团都不是行业老大，但是维珍却早已成为年轻人心目中的"品牌领先者"。

当然，布兰森也并不盲目扩张自己的帝国。在他看来，任何维珍的新产品或服务，必须具有以下属性：最佳品质；有创意；较高的金钱价值；对现有其他选择具有挑战性；能增添一种趣味或顽皮感。

其中最引人思索的，就是蕴含于品牌中的那种无法解释但绝对可以感受到的趣味感了。这与他那特立独行的"嬉皮士"性格如出一辙。所以，维珍公司所面临的许多计划即使有非常好的获利前景，若不符合整个集团的品牌形象，也还是会被坚决舍弃。

参 考 文 献

[1] 张明立,任淑霞. 品牌管理 [M]. 2版. 北京:清华大学出版社,2014:171-196.

[2] 冯明兵,吴杰. 论自媒体环境下的品牌传播模式 [J]. 商业经济,2018 (11):86-87+171.

[3] 宋蕾. 自媒体时代营销传播的创新路径探究 [J]. 现代营销,2021 (6):77-78.

美宝莲品牌个性塑造策略分析

理论导入

如今,消费者的消费观念在逐渐改变,他们更倾向于选择能够体现自身个性的产品。因此,有个性的品牌才能被消费者接受并且融入消费者内心,为消费者所青睐。那些品牌名称相似、内涵相近、品牌个性同质化的商品,越来越不能引起消费者的关注,容易被淡忘,在市场竞争中逐渐走向没落。

一、品牌个性的概念

个性经常与性格相互代替和使用,个性在学术界有不同的解释和意义,这里所说的个性是指一个人的整体精神面貌,是用来区别于他人的心理活动特征。个性是在后期实践活动中形成的一种比较成熟的心理特征,不会轻易被周围环境所改变和影响。

品牌和人一样,也拥有属于自己的独特个性。品牌个性是与品牌有关联的一整套人性化特征,是人们能联想出来的一组赋予品牌的人格特质,并且这些特质都是人们所期待的。品牌个性倾向于向消费者提供象征性和自我表达的功能。品牌个性在体现品牌自身个性特征的同时,也反映出消费者对品牌的感受。人的个性是由自身及生活环境所决定的,而品牌个性的特质是在消费者与品牌直接或者间接的接触中而形成的。

二、品牌个性的内容视角

因为研究的视角有所不同,所以针对不同视角,对品牌个性的定义也有所不同。

1. 品牌个性的功能视角

品牌个性向消费者表达的是企业和产品的整理概念，一个品牌的个性体现了一个企业的文化精神及内涵。由于品牌个性旨在描述拟人化的品牌，所以其个性同时为消费者提供了一个表达自我的平台。品牌个性的功能视角是驱使消费者进行消费以及维持企业核心价值的最主要功能。

2. 品牌个性的表现视角

产品的形象和品牌的外在面貌都是通过品牌个性表现出来的。品牌所表现出来的个性特征和人的性格特点极其相似，可以说，品牌表达出了消费者的各种思想。同时品牌个性表现出来的特征也是品牌的声誉和企业形象。

3. 品牌个性的关联视角

消费者是直接和品牌接触的人群，品牌个性可以通过品牌形象代言的方式向消费者传达，同时也可以通过使用者向未使用者传达。品牌的个性在无形的传播方式下与消费者产生了关联，这种关联可能会刺激消费者做出购买行为。

4. 品牌个性的环境视角

人的个性是在后天环境影响和先天遗传因素共同作用下形成的，品牌个性也是由产品本身的特征和后天市场需要刺激所产生的。品牌个性在大部分情况下是顺应市场发展和需求的，只有适应了社会发展环境，才可能适者生存。

结合以上观点，本书认为，品牌个性是根据消费者在消费过程中将品牌本身的特性赋予的一系列拟人化的特质结合而成的，品牌个性与消费者可以进行直接或者间接的交流，倾向于向消费者提供自我表达的功能。

三、品牌个性的价值

品牌的价值对于企业而言是宝贵的无形资产，产品的价值是在消费者使用过程中突显出来的。品牌个性在长期被人们使用和认可的过程中形成了以下价值。

1. 人性价值

所谓人性价值，就是赋予企业提供的产品者服务一些人性化的特性，让消费者不会觉得产品就只是产品而没有任何人性，这样消费者就更容易接受。人性价值的形成对于企业推出新产品、消费者接受新产品都是比较容易的。

2. 差异化价值

品牌个性的差异化价值是直接碰触到消费者内心深处的，消费者都希望自己买到的东西与其他人的产品不同。品牌个性的差异化价值满足的是消费者突显出自己个性的需求，同时也让企业在品牌设计时避免同质化，节约成本。

3. 购买动机价值

这个价值体现出消费者都偏爱有个性化的产品，特别是现在的"80 后""90 后"，个性特征比较明显，个性的生活、个性的日常用品、个性的穿着已经成为他们生活中追求的一部分。看见有个性的产品并且产品和自己本身的个性相符，才能进一步激发顾客的购买动机。

4. 情感感染价值

品牌具有个性，就像一个有个性的人物，可以和顾客在感情上进行深层次的交流，这样强烈的感染力也推动消费者成为该品牌的忠实顾客。

案例导入

透视美宝莲品牌的个性塑造

美宝莲品牌之所以可以打造出自己的品牌个性，源于该品牌能够抓住品牌核心价值，同时在创立产品的时候就有明确的客户目标定位。下面对美宝莲品牌个性塑造进行分析，通过分析可发现该品牌的成功之处。

一、美宝莲的品牌核心价值

品牌核心价值是指一个品牌承诺并兑现给消费者的最主要、最具差异性与持续性的理性价值，它是一个品牌最中心、最独特、最不具时间性的要素。品牌核心价值是在消费者与企业互动的情况下形成的，因此企业内部的管理者以及员工首先要高度认同，这样品牌核心价值才会被市场接受。对于企业来说，拥有自己的品牌核心价值是极其重要的，核心价值也可以称为核心竞争力，是一份无形资产。

美宝莲品牌的核心价值就在于立足打造专业性的彩妆，目标定位是成为彩妆市场上的龙头老大。当今彩妆业出现了很多新生的品牌，由于产品的选择面广了，竞争也随之越来越激烈。所以美宝莲在纵向增加彩妆产品的同时也横向扩张了其他性质的产品，近年推出的护肤产品就得到了市场以及消费者的认同和青睐，并且帮助美宝莲占据更大的市场份额。美宝莲的广告语"美来自内心，美来自美宝莲"进一步表明，美宝莲品牌的核心价值就是要让每位女性通过使用其产品变得更美丽迷人。

二、美宝莲的品牌个性

1. 独立自主

美宝莲品牌由创始人威廉姆斯以自己妹妹名字"Maybel"命名,创始人独立自主地研发了世界上第一支睫毛液,并且美宝莲在1950年第一个使用开架式销售法彻底革新了化妆品销售业。无论是在产品的研发还是销售方式的创新上,美宝莲从创立品牌开始都以自己独特的方式去完成,即使在后期被欧莱雅集团收购,其品牌个性也没有受欧莱雅的影响,所以造就了美宝莲品牌独立自主的品牌个性。美宝莲一直以彩妆为自己的主打产品,专业化的彩妆产品一直为追求美丽容貌的女性服务。它的专业彩妆发展到现在取得傲人的成果,1998年美宝莲销量稳居中国彩妆市场第一,2000年美宝莲销量稳居美国彩妆市场第一,2001年美宝莲成为澳洲第一彩妆品牌,2002年美宝莲成为世界第一彩妆品牌。它的成功在很大程度上是由于独特的品牌个性,这样的产品不仅给女性带来美丽的容颜,更让美宝莲这个这品牌誉满全球。

2. 魅力女性

美宝莲的创始者为了帮助妹妹赢得她男友的心而发明了睫毛膏,最初的品牌文化就受到爱情的影响,所以美宝莲一直只针对女性消费者。美宝莲以一句"美来自内心,美来自美宝莲"的宣传语诠释其女性化的品牌个性,该品牌旗下的所有产品都是针对女性的。1917年世界上第一支管状睫毛液经过美宝莲创始人威廉姆斯的反复研制正式上市,随后又陆续推出了其他眼部、唇部产品。1970年,世界上第一支指甲油由美宝莲纽约推出。在近几年,美宝莲又相继在专柜上推出了日用护肤品,以及美甲美容的专业工具。今天,在90多个国家能找到美宝莲,其为女性消费者提供超过200种商品。

3. 富有亲和力

美宝莲不像香奈儿、雅诗兰黛、兰蔻等知名品牌价格令人望而却步,其之所以能够拥有那么多的消费者,就源于其亲切的品牌个性。同时,为了迎合年轻女性的消费观念并展现品牌形象,为美宝莲代言的女星都是年轻美丽而且富有亲和力的。对于那些国际大品牌来说,只有在高档的商场才可以看见,没有一定消费水平是不可能亲自接触到的,而美宝莲在各大小商场柜台都可以试用和购买。开放式的销售渠道又为其品牌个性赚足了亲和力的指数。美宝莲在欧莱雅旗下被定位为"国际化的品牌、平民化的价格",由此可以看出,其品牌个性富有亲和力很大一部分原因是富有亲和力的价格。

三、美宝莲品牌个性对消费者行为影响

美宝莲品牌旗下的产品系类主要有眼妆产品、美肤产品及护肤产品，每个系类的产品中又包含了很多细分单品。由于产品类型不同，所针对的目标客户也就会有所不同。

1917年第一支管状睫毛膏上市，随后一系列的眼妆产品被推出，发展到现在已有数十种眼妆产品。由于眼妆相对于面部其他部位在化妆中作用重要，大部分女性在化妆的时候极其重视，因此选择这个系类产品的大部分是对化妆要求极高同时化妆技术好的人。对此，针对这类产品美宝莲的定位是都市白领及从事化妆行业的人士，这类消费者集中在25～40岁，经济独立，有购买能力，并且拥有自己稳定的事业和交际圈。美宝莲的各种眼妆产品能从不同层面满足需求，睫毛膏、眼影、眉笔等产品在同级别化妆品中都口碑很好，所以消费者自然会选择美宝莲品牌。从创立品牌开始到现在，美宝莲已经拥有不可小觑的忠实客户群，无论推出怎样的新产品都会很快被消费者接受并重复购买，连续多年成为彩妆销量最大的品牌。

其次就是该品牌的美肤、护肤产品。这两类产品在很大程度上是相似的，都是主要针对面部的护理和美化，因此它们的目标客户集中在大学生以及刚刚进入工作岗位的年轻女性。这类消费者由于经济来源少，只能选择购买相对实惠的大众化妆品，并且多是初次接触化妆品。美宝莲针对这类消费者提供实惠有效的保湿霜及实用的粉底液等，受到了消费者的青睐和好评。随着化妆品行业竞争日益增大，很多新生产品出现，这似乎意味着美宝莲的地位将被取代，但事实并非如此，美宝莲在进入市场后就做足了宣传工作并且以无可厚非的优势占据消费者心理，特别是年轻女性，已经对美宝莲形成了品牌忠诚。在面对其他品牌和同企业的巴黎欧莱雅品牌的竞争，美宝莲以比较明显的优势占据市场。

品牌个性影响消费者行为的例子迄今出现了很多，例如风靡一时的小护士品牌，推出的产品主要是防晒霜，主要针对青年女性，虽然进入市场的速度很快，但是没有准确的品牌个性定位，很快在2003年被欧莱雅收购，和旗下的卡尼尔产品相结合后推出卡尼尔各种系列的化妆品。小护士算是发展得不错的一个国内相对成功的品牌，但是最后还是避免不了被收购的命运，其最主要的原因还是没有准确找到品牌个性，它针对的顾客只局限于18岁到30岁的年轻消费者，而这类消费者选择化妆品的面比较广，成为忠实客户的概率很小，再加上该品牌旗下的产品过于单一，因此创造的价值也不会太理想。

美宝莲品牌成功地塑造了自己的个性，其品牌个性很大程度上是符合该品牌消费群体行为特征的。具有个性的品牌针对消费行为所产生的个性产品取得成功

的概率很大，因此，塑造品牌个性、抓住消费者行为特征是极其重要的，要将消费者行为作为品牌个性塑造的基础。

四、美宝莲品牌个性塑造的启示

基于美宝莲品牌的成功可以得出，消费者行为对品牌个性的影响程度是不可小觑的，因此在塑造企业品牌个性的时候可以美宝莲的成功经验为借鉴，同时抓住消费者行为特征，两者相辅相成。

（一）抓住消费者心理

消费者的大部分消费行为是受消费心理影响的，抓住消费者真正所需就可以塑造适合消费者并且迎合他们需求的个性品牌。关于消费者心理研究的成果很多，但是随着社会的进步和学者们的深入了解，近年来出现了一些新概念。霍金斯在他的著作《消费者行为学》里提到：消费者自我概念和生活方式是影响消费者决策过程的心理因素，它们不能被看到但是它们确实存在并且发挥着作用。消费者自我概念指的是消费者对自身的全部认识。自我概念的含义包括了五部分的内容：实际的自我概念，理想的自我概念，社会的自我概念，理想的社会自我概念，期望的自我概念。因为消费行为会同时受到这五个方面的因素影响，所以在分析塑造个性品牌的时候，要结合每种自我概念，塑造出最能满足消费者心理的品牌。

同时，消费者的自我概念不仅仅是简单的这五个方面内容，自我概念是由消费者的气质、性格、价值观、社会角色等一切心理行为信息和社会环境相互作用所浓缩起来的系统结构，它是消费者基于先天心理基因所形成的后天的综合自我观念，由此可以看出，对消费者自我概念心理的把握对于品牌个性的塑造是极其重要的。

品牌个性不仅要体现出品牌的核心价值，同时也要表现出人们所期待的个性。当消费者选择某个品牌时，他不仅认可了产品，更认同了品牌所蕴含的品牌个性，品牌个性成为他们表达自我的最佳方式。在自我概念的指导下，消费者在对产品和服务进行选择时会把自我概念与品牌个性进行比较分析。消费者自我概念、消费者行为以及品牌个性之间的关系是相辅相成的，缺一不可。只有掌握了前两者，才可以让后者有更好的发展。同理，只有品牌个性塑造好了，才可以长远地影响消费心理，刺激消费行为的产生。

早在20世纪50年代，Lery就认为，消费者不单单是功能导向的人群，消费者行为在很大程度上受商品所蕴涵的象征意义的影响。研究表明，消费者自我概念与品牌个性态度之间存在着正强化关系。当消费者自我概念与品牌个性一致时，消费者对品牌个性的态度越积极，消费者购买这一品牌的意愿也就越强，当消费者购买意愿被强化到一定程度时，消费行为就会发生。绝大多数消费者倾向于购买品牌个性与其自我形象一致或是能提升自我形象的品牌，也就是说，消费者愿意选择品牌个性与其自我概念一致的品牌。

（二）树立品牌目标

1. 市场分析

树立品牌目标之前必须做的准备工作就是对品牌进行定位，而定位的基础就是足够的资料与数据，因此，市场分析工作就显得尤为重要。市场分析所包含的内容很多，包括消费者的化妆品喜好、同类产品、化妆品行业前景等内容。其中，对竞争者相关产品及顾客的调查和分析是极其重要的，只有准确了解竞争对手的优势和劣势，才可以清晰地为自己品牌定位，学习对方的优势，弥补存在的不足，以在市场中获得优势地位。

其次，要针对消费者做一系列问卷调查、访问等工作。这项工作主要面对的是流动性较大且存在很多不稳定因素的客户，收集信息难度增大，收集到的信息真实性也有待考察。把消费者的信息进行处理以后将不同的客户进行分类，不同的客户有不同的消费水平、不同的产品需求以及不同的购买方式，这也就是做一个简单的市场细分。接下来就要进行市场前景分析的工作，由于这项工作所要掌握的信息面比较广，所以要通过大量的市场调查、市场销量分析，以及通过使用专业客户信息管理技术获得所需材料。市场前景分析就是对所收集的各种资料、信息加以分析和整理，最后得出相应的市场前景预测。

美宝莲在推出新产品的时候都会做足市场分析。近年出现了专门针对女性且比较受欢迎的BB霜，首先推出这款产品的是韩国一家化妆品企业，看到该产品销量日益猛增后，美宝莲经过一系列调查分析，推出了自己品牌的BB霜，随后又推出了比较适合大众消费者且融合了护肤、防晒等功能的BB慕丝。

对于品牌目标的树立，市场分析工作是关键。收集的各种资料是打造品牌个性的坚实有力的基础和前提。

2. 产品创建

树立品牌目标并最终实现品牌个性的塑造，要依托相应的产品，没有好的产品，即使目标定得再好，宣传工作做得再充分，也不可能成功。市场分析工作为产品的创建提供有力的证据，特别是对消费者的调查工作让产品的设计和开放有据可依。要塑造品牌个性，最重要的因素就是消费者，因为品牌的个性是长期在消费过程中被消费者所赋予的。

既然消费者是品牌个性塑造的关键，在产品定位的时候就要尽可能地满足消费者的各种需求。消费者选择品牌不仅仅需要该产品所带来的功能，更期待该产品可以表达出其内心的期望。产品也是消费者自我表达的一种工具。在市场分析工作中已经了解什么样的客户有怎样的消费行为、什么个性的消费者期望得到怎样的产品，掌握了这些内容以后就要留同除异，将大部分消费者所期待的个性彰显在产品中。准备工作对后续工作有很大影响，信息的获取也可以大大减少产品开发中的人力、物力和财力消耗。

美宝莲于1917年将第一支睫毛膏推向市场，它的第一个产品标志着以后美宝莲的彩妆之路。有了清晰的品牌目标，就要创建相应的产品来体现目标。"美来自内心，美来自美宝莲"，这句诞生于1991年的美宝莲口号很好地诠释了美宝莲的品牌目标。美宝莲前期的产品创建都是针对彩妆的，都是围绕着客户需求所产生的。

树立品牌目标是为了打造品牌个性，而品牌目标的树立要以市场分析的信息资料为基础，同时要依托产品。

（三）从品牌个性维度出发

Jenniffer Aaker教授于1997年在《市场研究学报》发表了一篇题为《品牌个性维度》的论文，第一次就品牌个性维度进行了系统的研究。此研究将品牌个性分为五个维度，分别是真诚（Sincerity）、刺激（Excitement）、能力（Competence）、精致（Sophistication）和强韧（Ruggedness），每个维度都准确地显示出消费者所追求的感情层面的东西。

（1）真诚个性维度，其所包括的内容有纯朴的、诚实的、有益的、愉悦的。每种个性维度向消费者传达的感情都是不同的，例如，佳能所表达的是"佳能感动常在"的真诚情感。就美宝莲而言，其真诚表现在以真诚的价格、真诚的产品在化妆品市场上立足。

（2）刺激个性维度，其内容是勇敢的、有朝气活力的、想象力丰富的、最新潮的。刺激包含的内容很多，所要表现的情感也是很丰富的。大家所熟悉的苹果品牌就是一个极具新潮气息的产品，它带给消费者的是一种年轻、活力、时尚。

（3）能力个性维度，其涵盖了值得信任的、成功的、智慧的。美宝莲在化妆品行业是被很多业内人士和消费者肯定的，推陈出新的速度很快，每次推出的新产品都给人耳目一新的感觉，并且它的促销方式也很新颖，值得业内人士学习。

（4）精致个性维度，其内容有有魅力、迷人的、女性化的、美丽的。这个维度，美宝莲表现得最为突出。美宝莲这个品牌是主要针对女性消费者的，它所展示的是女性强韧不屈的精神，要传达给消费者的是"美来自内心，美来自美宝莲"。美宝莲的宣传语一语道出了女性的个性。

（5）强韧个性维度。强韧个性维度所涉及的内容层面是强壮的、男子气概的、粗犷的。在众多产品中，哈雷摩托车是最能体现男性魅力的。消费者看待品牌的视角不同，就会对品牌个性有不同的看法，所以在塑造品牌个性时就要抓住个性维度中最主要的部分，分清主次。不是所有个性维度都适合品牌个性，不是所有的个性都能被消费者接受，要找到消费者最能接受的品牌个性。

个性维度不仅仅是品牌所特有的，更是人性的反映，是消费者在长期消费过程中赋予品牌的固有特征。因此，对品牌个性维度的分析，也就是对消费倾向的研究。每种个性维度都是由消费者心理活动反映出来的，从个性维度出发塑造品牌个性，也就是抓住消费者的消费倾向。

参 考 文 献

[1] 张明立，任淑霞．品牌管理［M］．2版．北京：清华大学出版社，2014：131-142.

[2] 张颖．品牌个性维度对购买意愿的影响研究——以服装行业为例［J］．市场周刊．2019（6）：90-91+119.

篇二　营销策划

企业满足顾客需求的四种境界

一、"差"的企业：销售制造的产品而非顾客需要的产品

现代营销理念讲求通过满足顾客的需要来实现企业的目标。因此，销售起始于对顾客需求的研究，通过产品和服务最终使顾客满意。然而，现实中存在着大量的这样的企业：它们漠视顾客需求的变化，习惯于基于过去的经验推断未来，相信如顺其自然顾客不会足量购买商品，只有通过推销才能诱导其产生更多的购买行为。典型的销售方式是：投入大量的广告、促销活动，伴随大量的人员推销，实行人海战术。但是，能够提供给市场的产品并不一定是顾客所需要的。此外，顾客的需求总是处于动态变化之中，基于过去销售数据的推断，往往会在现实顾客需求的变化面前销售乏力，导致大量的库存积压，成为市场并不需要的"质量合格的废品"。

举例：柯达公司曾经是全球胶卷市场的巨无霸企业，最高一度占据全球2/3的市场份额。然而，随着数码成像技术的成熟与普及，人们开始通过电子设备来存储图片，对传统胶卷需求迅速萎缩。其实，早在1975年柯达就发明了世界第一台数码相机，然而出于保护原有胶卷市场的考虑，柯达公司故步自封，最终在顾客需求的变化面前，走上了破产重组的不归路。同样，首度研发出具有智能特征的触屏手机技术的诺基亚，也因拘泥于过去的辉煌，不能对市场做出前瞻性判断而终被收购。

上述两家企业一度是行业的翘楚，然而，当它们忽视顾客需求的时候，其没落命运就已注定。

二、普通的企业：满足顾客的显性需求

顾客的显性需求通常指向产品的功能属性（物理参数、技术参数、性能参

数），其背后代表的是产品功能性的利益，也就是顾客在拥有、使用某一产品时所获得的功能性的价值，比如，智能手机的通信、上网、聊天、看电影、听音乐等功能。很多企业总是关注顾客的显性需求，而这能够给顾客带来的满足是极低水准的，甚至可能会造成顾客的不满意，从而失去更多的销售机会。

举例：2008年春节前后，中国南方地区遭遇了百年不遇的雪灾，这极大地影响了物流配送系统的正常运转。某顾客结婚预订的双人床因此未能及时送到，担心影响了婚期，几次催促发货，但企业回复说"这是物流配送系统的问题，我们也无能为力"，最终导致顾客的不满而退单，并引发纠纷。在此可以看出，顾客不单纯需要的是双人床所带来的功能性利益，还需要及时、便利地送达及愉快的购物过程。

三、优秀的企业：既满足顾客的显性需求，又满足顾客的隐性需求

剥开上述顾客的显性需求，从本质上来看，顾客还有很多与产品有关的隐性需求，包括以下几个方面。

（1）自我形象的满足感。产品本身所代表的个性、气质等与顾客的自我期望形象一致时，顾客便倾向于通过购买该产品来强化自我形象。

（2）情感的满足感。顾客会认为，购买符合某种社会情感和自我情感观念认同的产品，能给自己带来更多心理的愉悦。比如，2008年汶川地震时，加多宝捐款一亿元，其激发的顾客情感认同所释放出来的终端销售力，使该品牌一举登上了罐装饮料的销售冠军宝座。

（3）文化的满足感。每个产品都有其自身的文化内涵。如果产品代表的文化能被顾客认同，形成心灵深处的情感共鸣，则它能超越时间和空间的限制，带给顾客更多、更高层次的满足。比如，电影《功夫熊猫》讲述了一个普通小人物（熊猫阿宝）实现功夫梦想并扶危济困、除暴安良的故事。它表现了友善安乐、坚韧不拔、自强不息的精神，从而赢得了中国观众的高度认同，国内票房很高。

四、卓越的企业：创造并引领顾客的需求

为了能够既满足顾客的显性需求，又深度发掘顾客的隐性需求，市场调研作为营销的手段之一不可或缺。很多企业在产品研发、新产品上市过程中通过向顾客发放问卷、开消费者座谈会等，了解顾客真实需求。这种手段虽有一定的实效，但并不是总是管用。很多情况下，顾客并不清楚地知道自己想要什么。可口可乐公司曾经想要更改配方，大量的调查数据也说明顾客是可以接受新配方的，当新口味的可乐推向市场的时候，却因顾客抵制行为而终告失败。尤其在新技术的大潮下，代表未来技术方向的某些新产品，顾客更不可能给企业一个明确的答案。

在这种情况下，卓越的企业绝对不会裹足不前，相反，它们会通过新的概念性产品的研发，把新产品推向市场，让顾客去体验。在与顾客的互动反馈中改良产品，使顾客从体验、兴趣到喜欢，通过口碑而引领消费潮流，这就是创造需求的过程。

比如：日本索尼公司"随身听"的发明，让音乐、资讯可以在空间移动起来。卡拉OK的出现，给普通人以优越的歌唱体验。苹果公司领跑了人机交互技术，引发了个人电脑革命。iPod实现了音乐与科技的完美嫁接，标志着数字音乐革命的开始；iPhone颠覆了传统手机概念，开创了移动设备软件尖端功能的新纪元；iPad把人类从键盘和鼠标中解放出来，掀起一场移动终端的革命。凭借非同凡响的思维、胆识、洞察力和创造力，iPhone把复杂的技术带离了枯燥的实验室，让艰深的科技化身为简洁的产品，用完美的设计改变了人们的生活。

参考文献

[1] 熊国铖. 市场营销学 [M]. 5版. 北京：清华大学出版社，2017：1-14.
[2] 彭龙. 客户不要解释要效果 [M]. 北京：新华出版社，2012：1-35.

"营销策划"教学中案例甄选与案例教学技巧

就传统观念来说,教师扮演的角色通常是传道、授业、解惑。在此之下,教师成为知识的集成者和传播者,学生成为知识的被动接收者。长此以往会陷入学生培养的误区:首先,学生当然认为教师是知识的威权者,不敢质疑;其次,一个被动接受知识的人不会主动思考,从而失去知识再加工和再创造的可能;最后,授业过程中的信息噪声,客观形成某种知识传播中的衰减效应,从而更不利于学生知识的掌握。

"营销策划"是实践性、应用性极强的学科,它要求学生既要掌握理论,又能应用理论分析现实中的商业现象并提出创新性的观点和解决问题的办法。而方法是否有效,同样需要在实践中检验。笔者在"营销策划"的教学实践中大量引入案例教学法,收效明显。

案例教学法首创于美国哈佛大学法学院,因其具有情景模拟、思辨求知、知识串联与知识的再创造等诸多优点,在实践中大获成功。考虑到"营销策划"的学科特点,在实践应用中需要掌握特定的方法与技巧。

一、营销案例甄选

(一)国内案例为主,国外案例为辅

由于现代营销理论发展、成熟于西方,西方学者在此方面的著述繁多且极具权威,国内高校《营销策划》教材中普遍引述了大量国外案例。作为教师,在此需要扬弃处置,因为国外案例有明显缺陷。

(1)国外商业背景与国内商业环境有显著差异,案例的结论未必适用于国内商业实践。

(2) 案例的时间滞后性。一个优质的案例需要经过主题选取、内容编纂的不断演进的过程，之后再经过出版、引进、翻译，其商业现状很可能已然落伍。

上述要素都不利于实践教学，因此，教师需要结合国内商业现实，经过整理加工，将最新的商业故事演绎成案例。国外的案例在相对稳定的行业有教学价值，同时，在未来商业趋势方面也具有引领性。

（二）竞争性行业首选，民营企业为主角

市场经济讲求一切资源要素配置的主体是市场，政府只制定法律规则，保护竞争，避免垄断，发挥次要作用。当下国内的现实是市场经济体制尚未建立，不同行业中的垄断、不公平竞争仍然存在，但我们相信以公平竞争为主的商业环境必将建立。案例素材的选取首选竞争性行业。企业在不违法的前提下，实现自身利益最大化，才最符合市场经济的精神，这样的商业案例才最具有教学代表性和应用性。同时，民营企业是遵循商业规则、实现利益的主体，通过分析它们的商业情景、战略决策、发展难题，可发挥学生的主观能动性。

（三）国内案例、区域案例、地方案例相互结合

中国不同地域商业环境也有显著差异，沿海与内陆经济发展水平不相同。选取有代表性的全国案例，可以使学生体察未来的商业发展方向；选取区域案例，则有助于理解不同区域背景下的商业环境；而地方案例的选取，则着眼于对地方人才的培养，使学生能充分认识到地方产业政策、地方发展机会与威胁。

（四）传统行业与新兴行业相互补充

以互联网为代表的信息化和以机器人、3D打印为代表的智能制造等新技能、新能源商业模式的崛起，将对传统商业形态产生重大影响。因此，教师需要甄选新兴行业中的典型企业，以此引导学生洞察未来，同时，基于国内发展水平的千差万别，传统行业与新兴行业将会形成相互融合而不是相互取代的局面，这也需要以传统行业案例作为补充。

二、案例教学技巧

（一）商业模拟，情景再现

课堂案例教学首先需要进行案例陈述，主要技巧在于：商业模拟，情景重现。教师需要根据事先设定的案例主题创设真实的情景，此时，教师如导演，要讲述剧本（企业的故事、商业环境、企业决策、企业家的所思所想）。学生如演员，要对号入位，换位思考，为企业的胜笔而喝彩，为企业的败笔而惋惜。学生身临其境，精神高度集中，深度思考，才可能产生真知灼见。

（二）预设问题，引导剧情

在案例教学中，教师所扮演的不是知识占有者和权威者的角色，而是要以学

生为主体,在案例教学过程中嵌入问题,引导学生围绕问题思考、推理、分析,使教学理论在案例问题中变得生动起来,通过分析问题找到解决问题的办法。这是对学生自主学习、终身学习能力的锻造。比如,在讲解云南白药牙膏的案例中,可以提出以下问题:白药牙膏为什么成功?它的定位是什么?它采取的价格策略是什么?它的产品怎样传播?云南白药的品牌延伸为什么在牙膏方面能够成功?

(三)教学中的探究与批判

案例教学特别强调学生是学习的主体。学生只有经过情景模拟,换位思考,对所学知识点进行大脑重组、再加工,所提出的创新性解决问题的办法才是闪亮点,它同时也是对学生所掌握知识的最佳验证。教师要运用探究式的方法,启发学生的思维,让学生自主寻找答案。教师不预设立场,多给予学生鼓励与赞赏,引导学生进入有价值的思考领域,适时抛出有争议性的观点,鼓励学生观点的相互交锋。当学生的思维不够开阔时,教师可以适度陈述自己的思考,而这也仅仅是为了帮助学生扩大视野,绝不是"标准答案"。

此外,教师也要善于利用批判,培养学生的独立人格和精神。一个不敢质疑、不敢挑战,在心理和思维方面完全有赖于教师的学生群体一定不是社会所想要的。教师可以有意质疑企业商业活动,发现企业战略抉择中存在的纰漏和隐患。对某些企业进行某种前瞻性的判断,并与学生讨论。

参 考 文 献

[1] 魏晗霄. 市场营销教学中案例教学法的应用 [J]. 产业与科技论坛, 2020, 19 (19): 138-139.
[2] 赵明辉. 案例教学在市场营销教学中的应用探究 [J]. 营销界, 2020 (4): 85-86.

营销策划创意形成：默写式头脑风暴法

实践教学，是一种基于实践的教育理念和教育活动。它是指在教学过程中，建构一种具有教育性、创造性、实践性，以学生主体活动为主要形式，以激励学生主动参与、主动思考、主动探索为基本特征，以促进学生总体素质全面发展为主要目的的教学观念和教学形式。应国家的大政方针和社会需求，应用型本科的民办高校须在大学课堂上广泛开展实践教学活动，以真正培养勤于思考、动手能力强的优质大学生。

营销策划是贴近现实，能体现与时代同步发展，应用性、创新性元素实足的一门学科。如果单纯以教师课堂的讲授和案例分析，尚不能真正培养学生的实践动手能力，所以，笔者在"营销策划"课程的教学活动时，应将实践型教学活动设计大量引入课堂教学，以达到较好的教学效果。

一、教学背景说明

教材：《营销策划——方法、技巧与方案（第3版）》，孟韬、毕克贵编著，机械工业出版社，2016年。

教学章节："第4章　营销策划的创意与方法"。

教学理论节点：默写式头脑风暴法。该方法创造了一种以默想代替发言的头脑风暴法。该方法规定，每次会议由6人参加，要求每人在5分钟内提出3个设想，所以又叫作"635法"。

程序：

（1）会议主持人宣布议题。

（2）发给每个人几张设想卡片，5分钟内必须填写3个设想。

（3）5分钟一到，每人将自己面前的卡片传给右邻的参加者，同时开始下一个

5 分钟的设想构思，启发，再填 3 个设想。如此多次传递。

（4）30 分钟内共传递 6 次，卡片上填写了 18 个设想，6 张卡片共产生 108 个设想。

（5）如果需要，可以进行下一个 30 分钟的循环。

教学目标：使学生能完全掌握默写式头脑风暴法的操作过程及创意形成作用；使学生触类旁通，用这一思维及方法形成创意孕育的应用习惯，从而指导未来的社会实践。

二、实践教学设计

（1）教师通过讲授法，讲解默写式头脑风暴法的含义、操作过程。

（2）教师做好实践教学准备工作，以小组为单位，向学生发放实践教学用的卡片、纸张。

（3）教师宣读实践教学主题：假定你是某品牌手机 CEO，面对当下手机市场激烈的竞争格局和手机普遍缺乏颠覆性创新的现状，你准备开发一部创新性的手机。现在，你的学生小组就如同你领导的创意小组，请用默写式头脑风暴法完成你们的创意设计方案，并以小组为单位进行现场陈述、报告。

（4）活动现场：学生的情绪瞬间被调动起来，大家短暂骚动后陷入思考。教师提示不得讨论，5 分钟内将创意方案写入卡片中。5 分钟后，开始小组内第一轮的顺时针传递交换。

经过 3 轮创意形成过程及交换，教师结束本次创意活动。在此期间，教师适时引导学生的思考方向，比如，改变手机设计、增加新的功能等。

（5）创意结果陈述与展示：每个学生小组派学生代表进行陈述，为形成竞争的激烈感，根据创意方案的可行性、可操作性及应用的商业前景，每个小组只能陈述 1 个方案，之后再进行后续数轮的陈述，直到结束。

（6）创意方案点评：教师带领同学对每个方案的可行性、可操作性、商业前景逐一加以分析，圈定有价值的创意方案，现场给予赞赏与嘉奖。

三、实践教学效果总结

（1）学生完全掌握默写式头脑风暴法的操作过程及技巧，达成理论教学目标。教师在过程中适时说明充分体现该创意方法的技巧，比如，为什么要通过默写的方式（避免讨论过程可能的屈从权威），为什么要进行创意方案的交换（相互启发）。

（2）学生的积极性、主动性被真正激发，创新性的方案精彩纷呈。有些方案很具有创意元素和商业应用价值，比如，在手机中增加远红外线测量功能；开发可以改变自身颜色的手机;开发具有水上救生功能的手机;通过身体热量和人体正常走路等能完成手机充电功能;手机具有无限云储存功能;手机具有医疗检测功能;手机自带电话卡并能自动激活入网;手机的麦克风功能;多语言语音自动翻译手机;人工智能及生物智能手机;手机防摔,自带感应式安全气囊等。

(3) 新的知识点的扩展与展开,主要包括以下一些内容。

①创意的来源:创意源于生活;创意源于幻想;创意源于兴趣;创意源于看问题的角度。

②创意思维技法:灵感思维法、群体思维法、侧向思维法、逆向思维法、组合思维法、类比思维法。

③创意思维的培养和开发:乐于接受新观念;有极强的好奇心;具有很强的直觉、敏锐的观察力、深刻的感受力、丰富的想象力、平和的心境、过人的毅力;具有多角度思考问题的灵活性;敢于冒险;有娴熟的表达能力。

参 考 文 献

[1] 孟韬,毕克贵. 营销策划:方法、技巧与方案 [M]. 3版. 北京:机械工业出版社,2016:62-80.

[2] 张利. 实践性教学方式在市场营销专业相关课程教学中的应用 [J]. 教育现代化,2016,3 (13):105-106.

营销策划：新产品发布会

一、"营销策划"教学难点分析

（一）教学内容不能适应多变的商业环境与营销现实

进入21世纪，科技发展的浪潮席卷全球，尤其是互联网与通信技术的日新月异，不断冲击着市场，改变着消费者的生活，对企业的营销工作不断提出新的要求和挑战。诸多崭新的营销模式开始被推向市场，并进入消费者的生活，如网上商店、网络社区营销、O2O线上与线下相互结合、虚拟现实、网络支付等不断涌现。这些改变，不但使现实中行动缓慢的企业无所适从，更使营销课堂教学内容与现实环境相脱节，不能适应现实。

（二）理论教学偏多，实践教学偏少

营销理论本身存在着点多面广的特点，如果试图从理论教学的角度做到传道、授业、解惑，其难度是非常大的。同时，营销课自身实践性、应用性强的特点，也决定了单纯靠课堂的"理论+案例"教学不能解决学生的实际操作技能提升问题，学生即使能了解理论要点，也不能很好地应用理论来解决现实中的问题。并且，由于学生自身没有社会体验，提出的对策显得肤浅、幼稚，不具备实际操作性，教师的教学目标难以实现。

（三）实践教学中的商业情景难以真实模拟

情景教学法要求把课堂当成一个舞台，教师根据所要讲授的内容预设各种情景，由学生来扮演不同的角色，进行实际操作演练。学生基于自身的角色，从角色与企业的商业场景中对号入座、提炼观点、进行决策。如果上述方法能真实重现具体的商业场景，其教学效果一定是好的。然而，把现实中所能掌握的公开信息经过整理、分析、加工变成教学案例场景，本身意味着时间的流逝，互联网时代大潮下的商业现实却是朝夕万变，某些场景看似新景实为旧景，基于旧景得出

的结论也就变成了纸上谈兵，缺少实践价值。

如何改变上述种种不利局面，落实以能力培养为目标的实践教学环节，真正营造一个真实的商业场景来达到实践教学目的呢？笔者在课堂教学实践中引入了"新产品发布会"的教学场景设计，效果上佳。

二、"营销策划"实践教学：新产品发布会教学设计

（一）营销策划主题

新产品发布会。

（二）内涵及要求

以某新产品为主题，以本校在校大学生为目标顾客，通过现场的场景设置，运用多种可能的实物道具、视频演示、幻灯片图片展示，以生动、富有表现力的方式，向现场观众呈现并讲述产品的卖点，使观众（目标顾客）能充分认识到产品的价值，吸引他们的关注、兴趣，从而激发其购买欲望（虚拟）。这里的新产品需满足：符合国家产业发展方向；以当前中国经济产业发展热点为佳；具有极好的市场发展前景。包括两种情形：新产品拟上市；新产品已上市，具备好的发展潜力，但尚未引起市场的关注，产品尚未普及。

（三）参与主体

工商管理专业全体学生以小组为单位，每个小组4~8人。

（四）比赛方式

在"营销策划"课堂上分班级、分小组陈述、展示；每组时间控制在15分钟以内；每班进行评比，每班最优的小组进入决赛。决赛由评委评选，设置一等奖、二等奖、三等奖。

（五）评分标准

评分标准如表2-1所示。

表2-1 评分标准

评分要素	具体要求	占比
仪态仪表	服装得体，既成熟稳重，又时尚大方，彰显活力，和陈述主题相契合	10%
PPT内容展示	条理清楚，逻辑清晰；充分展示产品的卖点；内容设计精彩、富有吸引力	30%
陈述表现	陈述流畅、表达清晰；讲解过程自信且有激情，语句生动；语调及肢体语言相得益彰；时间分配合理，紧凑有序	30%
创意表现	主题新颖，宜于激发受众兴趣；展示富有创造性，营造热烈氛围；观众反响热烈，互动效果好	30%

三、新产品发布会作品脚本举例

新产品发布会脚本举例如表 2-2 所示。

表 2-2　新产品发布会脚本举例

时间	演示内容、陈述词	场景或道具
1 分钟	公司及营销团队介绍： 1. 公司：撸一杯是一家主营花茶、水果茶、中国茶、英式下午茶等茶系列产品的公司，现目前公司主推产品为午茶夫人系列的水果茶。 2. 营销团队：午茶夫人系列的水果茶市场研发小组（7 人）	团队登台； 背景播放 PPT 画面 幻灯片 1、2
10 分钟	1. 设问：你还在喝不健康的饮品吗？ 　　目前市场上所流通饮品大都含有食品添加剂，纯天然绿色饮品少之又少，消费者多选择碳酸饮料、果味添加饮料等不健康饮品。 2. 选择果汁，选择我们的理由：随着人们对健康饮食的注重，不添加香精、色素、防腐剂的健康鲜榨果汁越来越受消费者的喜爱。同时，中国饮品市场调查显示，果汁饮品销量已超越碳酸饮料，人们在享受美食时不仅追求色香味等感官方面的刺激，健康更是人们所关注的。果茶的出现不仅满足了人们对健康饮品的需求，还能够满足大部分女性对瘦身美颜及维生素摄取方面的要求，因此，我们选择水果茶。 3. 我们的追求：回归自然，享受健康。 4. 水果茶功效：养颜、减肥、抗衰老、排毒、防雀斑、消食、清热、补充维生素 C，其水果中含有的天然叶酸帮助抗氧化、降脂、助眠、开胃、健脾、促进血液循环。长期饮用，促进消化血液系统循环。 5. 我们产品特色： 　（1）产品：选用新鲜上等水果，在保证水果营养不流失的情况下，采用 36℃低温烘焙技术，烘制 20～48 小时，充分锁住水果成分和营养。制作出来的水果片完整，冲泡后色泽明亮。不含任何化学添加剂，绿色健康，美容养颜。 　（2）包装：独立茶包，方便冲泡。根据消费者不同选择，提供单袋装、组合装以及两种礼盒包装。	幻灯片 3、4、5 幻灯片 6 幻灯片 7 幻灯片 8 幻灯片 9、10、12

续表

时间	演示内容、陈述词	场景或道具
10分钟	6. 产品价格： 	包装方式	售价	 	---	---	 	单袋装	1.9元	 	组合装（7袋）	12.9元	 	礼盒装（浮雕纸盒14袋）	19.9元	 	礼盒装（浮雕铁盒21袋）	29.9元	 注：购买组合装加享太古糖包3包； 购买浮雕礼盒装（14袋）加享太古糖包5包、定制木勺1个、洋槐蜜5ml； 购买浮雕礼盒装（21袋）加享太古糖包10包、定制木勺1个、洋槐蜜5ml、定制透明玻璃杯1个。 7. 销售渠道： （1）线上销售：入驻各大网上购物平台（淘宝、天猫、京东、小红书等）；消费者可以选择线上购买快递提货，也可选择线下提货。 （2）线下销售： ①实体店销售。各大实体店实行原材料店内呈现，顾客可购买已加工完成的商品，也可自行进行水果切片加工包装。 ②商户合作模式。向各大饮品店、餐厅提供水果茶。 ③企业合作。向各大中小企业提供茶水间产品。 8. 促销策略： （1）促销设想： ①优惠券促销，消费者可在美团、大众点评等App购买优惠券，购买时输入优惠券码即享。 ②将每月的16日定为水果茶日，消费者在16日购买均享满减优惠（满50减10，满100减20，以此类推）。 ③建立新老顾客群，定期在群内发放小礼品、优惠代码。 ④在微博、小红书等社交平台发布产品广告，邀请美食达人测评，发布试喝报告。 ⑤优惠券线上线下均可使用。	幻灯片13、14 幻灯片15 幻灯片16

续表

时间	演示内容、陈述词	场景或道具
10分钟	（2）现场促销活动：随机抽取6位观众上前品尝水果茶，品尝过后说出其品尝的那杯茶中含有几种水果，正确率在两个以上即为优胜。优胜者将会获得水果茶礼包。	1. 抽奖箱；奖票。 2. 水果纸牌：现场由团队中的其他成员高举印有不同水果的纸牌（15种）。回答问题后，相应水果成分的举牌者往前站；答对者获得水果茶礼包。 3. 水果茶礼包6份

四、新产品发布会实践教学总结

（一）真实商业场景重现，学生从被动学习到主动思考问题

在教学活动中，教师预留约一个月的准备期。教师提前与各小组学生沟通，确定其陈述的产品主题，根据产品主题设计丰富的陈述内容，确保有生动的陈述表现。同时，通过思辨性的思考，结合教师的启发，学生主动寻找产品的卖点，自主设计产品陈述的方式、方法，做到以"表演"的方式来吸引现场受众，激发现场受众的"购买"欲望。这一教学设计完全真实重现了商业场景：现实的产品、现实的目标顾客、现实的营销实践。

（二）学生个人能力的"实践性"锤炼

现代教学理念认为，"知识是发展的，学习者在认识、解释、理解世界的过程中建构自己的知识，学习者在人际互动中通过社会性的协商进行知识的社会建构"。在这一教学实践中，学生主动分析情景，查找资料，寻找理论线索，在发言、辩论、交流中提高自己的认知能力、理论分析能力和解决问题的能力，是对个人能力的"实践性"锤炼。

（三）内容精彩纷呈，学生创意满满

首先，学生所选取的新产品的主题多样化，既有传统的饮食、食品，又有电子商务产品，还有两者相互结合的产品，所涉及的行业也五花八门。其次，在陈述的设计中，学生在思辨的过程相互沟通、脑力激荡，形成超乎寻常的解决问题的思路和成果。学生自发地购买产品及所需道具，设计陈述台词和与观众互动的场景，寻找群众演员，现场模拟销售，以微电影的方式展示，尽量使发布会生动有趣。正式比赛现场气氛热烈，学生的参与感、竞技感、荣誉感十足。这也会激

发教师角色内在的成就感和愉悦感,达到双向激励,教学成效斐然。

参 考 文 献

[1] 杜斌.启发式教学法在营销学教学中的应用[J].经济师,2016(7):189-190.
[2] 张利.实践性教学方式在市场营销专业相关课程教学中的应用[J].教育现代化,2016,3(13):105-106.

中式快餐商业模式策划：实体店+外卖

1987年年底，肯德基第一家中国店在北京开业。作为西方快餐业的代表，其经营理念、经营方法与我国差异甚大，使国人感受到一种全新的消费文化，从而引领了本土快餐的现代化进程。多年后，中式快餐的发展已达到新的阶段。激烈的竞争，使市场实现从快增长到稳增长的转化，要求中式快餐必须适应环境变化，转变经营理念，找到新发展模式，提高管理水平，以赢得未来。

一、适应消费变化的模式选择

随着居民生活水平的不断提高，人们的消费需求也在发生变化。在城市，以"实体店+外卖"的精致快餐营销模式，当会显现其竞争优势，成为未来的发展主流。

（一）快餐的精致化

人们记忆中传统中式快餐经营模式大概会是这样：一家小店，有最基本的简单设施，厨师掌勺伴着炉火上下翻动；服务员端着饭食穿梭在店堂；食客簇拥，或坐或蹲，空气中弥漫着饭菜油烟味。而如今，此种经营模式下的快餐店已更多地退出市场，让位于精致化的快餐模式。因为消费者的需求升级，人们不再满足于简单吃饱，而期望吃出品位、吃出营养、吃出健康、吃出文化。色香味俱全仅仅是精致快餐的最基本要求，精致快餐还需要不断更新菜品，讲求营养搭配，营造舒心悦目的就餐环境，以精致化的服务给顾客以愉悦的吃食体验。

（二）中西快餐元素的相互融合

西式快餐的品类主要集中于汉堡、炸鸡、比萨、牛排、薯条、蛋挞等食物，配以可乐、奶昔、果汁奶茶等饮品。由于西式快餐发展的历史久远，积淀深厚，已形成成熟的经营体系，多具有统一的品牌形象、店面设计、标准化的产品制作工艺和规范化的工作流程。这是西式快餐的长处。中式快餐的优点在于：以米饭、面条、包子、饺子为主，配合地方性的风味小吃，经由中式的制作工艺，更适合中国人的口味，营养也更加均衡。中式快餐的主要问题在于：没有统一的制作标准，操作相对复杂，质量不稳定且难以复制。从发展前景来看，把中西式快餐的优势结合起来，实现互补，中式快餐才能绽放持久的生命力。

（三）单店经营：实体店+外卖

中式快餐经营模式有三种选择：纯粹实体店、纯粹外卖、实体店与外卖相结合。显然，第三个最具优势：首先，通过实体店精细化的店面设计和运营，更能展示品牌形象，积累区域范围内的顾客口碑；其次，依托实体店的口碑效应开展区域外卖，既扩大了产品覆盖面，也提高了单店的经营绩效。

快餐店的就餐高峰期非常突出，店主虽然期望顾客盈门，但也不得不面对顾客爆满所导致的消费转移。开展外卖服务，可以分流顾客，更多地把握高峰期的销售机会，也能使实体店不显得那么拥挤，优化顾客体验，形成更好的口碑，从而相互促进。

凭借"实体店+外卖"经营模式取得高绩效后，快餐下一步的发展方向在于连锁，也就是将这一成功的商业模式在更远的区域进行复制。复制的前提在于单店经营的高盈利。任何单店都有其外卖的有效范围。距离太远，则外卖的服务品质大幅度下降，反而形成负面"口碑"。

二、"实体店+外卖"模式下的两个切入点

（一）实体店

1. 精准的市场定位

每个快餐店都必须确定其核心的目标顾客群，依顾客群的消费需求定位。地处都市区的精致快餐店，主要消费群体大致有以下几类人群。

（1）商务人士。在商务洽谈过程中推杯换盏是常态，如今，经济形势不好、企业预算删减，更多的商务人士将用餐地点改为精致快餐店，因为它更经济，也更节省时间。由于商务场合下的面子心理，针对这一群体，快餐店的定位要体现：精美的店面形象设计；精致、营养的餐食品类；优雅的就餐环境；高规格的服务。总之，可以简约，但绝不简单。相应地，价格也可以稍高。

（2）都市白领、上班族。对于这一群体的人来说，他们的工作时间长，工作强度大，面临着住房、医疗、子女教育、养老等诸多压力。每天的精神、体力消耗极大，而且生活节奏也越来越快。所以，很多情况下一日三餐都在外解决。他们大多不想在吃饭上花太多的钱，但也想追求品质生活。因此，口味好、经济实惠、营养丰富、干净卫生是最主要的考虑因素，也是快餐定位的着力点。

（3）都市家庭。家庭是都市居民的主体。他们可能厌倦于厨房中的锅碗瓢盆，有时想换个口味，那么精致快餐也会成为他们的选择。价格适中，有空间感的就餐环境，能使人放松的餐厅氛围，全家其乐融融，是他们想要的。

（4）异地旅游人士。对于出门旅行的人士来说，他们喜欢富有异域风情的东西。希望能尝到当地民族风味小吃和体现地域特色的传统美食。因此，快餐店重点在于地方特色，比如云南的米线、兰州的拉面等。此时，价格反而不是最重要的，可高可低，给顾客多种选择，关键是要正宗。

2. 品类选择

中国是餐饮文化大国，可供选择的餐饮品类极其多样。

（1）菜系。我国面积广大，受地理环境、气候物产、文化传统以及民族习俗等因素影响，形成风味相近、特点相似，并为群众喜爱的地方风味吃食。其中，粤菜、川菜、鲁菜、淮扬菜、浙菜、闽菜、湘菜、徽菜被称为"八大菜系"。其他具有影响的还包括京菜、豫菜、滇菜、清真菜等。

（2）快餐分类。中式快餐可分为：饭食类，如炒饭、冒饭、烩饭、盖浇饭等；面条类，如汤面、炒面、河粉、桂林米粉、云南米线等；面点类，如包子、油条、蒸饺、烧麦、煎饼等。其他还有小吃饮料类，如豆腐、豆浆、奶茶等。

（3）烹饪方式。中餐烹饪方式多样，有煎、炒、焖、炸、炖、焗、蒸等。

中餐品类丰富多样，对于快餐来说当然是好事。但是，快餐店的经营最忌大杂烩。大杂烩会使快餐店显得没有特色，也无形中加大了厨房的工作量，使整个快餐店变得难以运作。所以，精致快餐必须明确限定发展领域、彰显特色，成为品类的代表。

3. 标准化制作工艺

中式快餐讲求火候，这完全依赖厨师的经验。厨师不同，则口味不同，顾客无法享受一致化的产品体验。不能做到标准化，就不能大规模生产与复制，自身品牌很难迅速做大。

在解决中式快餐的标准化方面，真功夫已领先一步。早在1997年，真功夫首创电脑程控蒸汽设备，攻克以蒸为主的烹饪方式的标准化难题。之后，总结并持续推进标准化：标准化的设备与用具，标准化的操作与管理，标准化的店面与公司形象。真功夫在内部建立了问题管理网，它是标准化实现的持续性动力。真功夫工作人员全员参与，在日常工作中不断发现问题，并总结出标准与政策、方针，讨论后在全公司范围内推广执行。因为配备了标准化的设备，有完全一致的操作流程，员工只需要培训就可上岗，真正摆脱了对厨师的依赖，实现了全国店面顾客体验的一致化。

4. 精细化的顾客体验

人们生活水平的提高、消费水平的提升，催生了对外出就餐的更高层次的需求，他们追求更深刻的体验和难忘的回忆，追求内心深处的满足，他们愿意为满意的体验付费。

（1）感官。就是通过视觉、触觉、味觉、听觉与嗅觉，给顾客营造美丽、愉悦、舒心的消费氛围。麦当劳标志型的"M"、肯德基爷爷和蔼可亲的笑容，给顾客留下了深刻印象。此外，富有特色的装修环境、灯光、色彩色调，独具匠心的菜谱，色香味俱全的菜肴和精美餐具，舒缓的背景音乐等都是体验点。

（2）情感。精致快餐应设法与消费者建立情感联系，注重情感交流，让消费者有所触动，从而成为忠诚顾客。工作人员热情、主动，对常客能知其名，了解他们的消费偏好。和顾客适时聊聊工作、生活，正面地调动顾客的情感，激发情感共鸣。开展富有情感意味的促销活动，如在生日、情人节推出特价等，以此来感染顾客，赢得顾客满意。

（3）文化。中式快餐有五千年的饮食文化作为后盾，比起西式快餐，饮食更具健康理念。中华饮食强调养生，讲求内在机体的阴阳平衡。随着节气的变化，食材用料也有不同，既滋补，又不燥热。中华饮食也特别体现审美特征，也就是菜肴的形式与内容的完美统一。并且它还承载着社会心理功能。在吃饭时亲人聚合，朋友惜别，交流生意信息，此时餐饮已成为一种社交活动。除了借力以上文化要素外，精致快餐还应在中华丰富的食材用料和烹饪方式方面体现文化特征，比如，大娘水饺的饺子文化、点都德的粤式早茶文化、马兰拉面的面食文化、真功夫的"蒸"文化等。当然，为适应现代生活方式，所有传统文化在快餐领域都要求变，体现时尚气息。

（二）外卖

外卖，就是通过电话、网络等接受顾客预订，在限定的时间范围内将快餐产品直接送达顾客处的销售方式。在大城市开展外卖极富市场潜力，这是因为：首先，随着国家城镇化政策的推进，城市规模扩大，城市人口密度加大，外卖配送的投入、产出比不断优化。其次，城市人口生活节奏快，工作压力大；网络的盛行催生了大量的宅男宅女；人们追求个人的休闲时间，间或远离厨房。外卖的目标顾客群越来越大。

外卖是以服务为载体的销售方式。为了能达到预期效果，必须从全局角度来设计，任何一个细节都不可大意。

1. 框定外卖商圈

外卖商圈取决于生产及配送能力。考虑到顾客对快餐外卖时间的容忍性，最好以时间长度来确定商圈，也就是采用步行或自行车等交通工具，在一定的时间内所覆盖的距离。这只是理论商圈，在实际运作中，还要再进行细分。

（1）商业区。区域内银行、超市、写字楼、办公楼众多。多数是来此进行商业活动的非居住性人群。

（2）住宅区。多数是居住在城市的当地居民。

（3）文教区。区域内学校比较集中。多数是来此进行文化教育活动的人群，如学生、教师。

（4）娱乐区。多数是来此进行娱乐性消费的群体。

（5）城市中的工业区。多数是在此进行工业活动的人群。

以上重点区域内的消费群体各有其消费特点，比如：商业区外卖订单比较集中，顾客注重质量，是外卖的核心盈利点；住宅区比较分散，看重方便，一旦形成规模，利润也可观；文教区意在经济实惠，可着眼于培养未来的忠诚客户；娱乐区要把握好用餐需求的高峰期，可以错峰式销售；工业区则基本是回头客，口碑最重要。

2. 标准化的外卖服务流程

（1）接单。接单也就是外卖订单的收集。外卖订单可以是业务员发放外卖宣传资料，主动联系，登记客户信息，开展服务；也可以是客户的主动订单。这些客户资源都要进行信息化的处理，记录在电脑系统中。客户来电，则电脑直接显示其送餐地点等信息，提高了效率。同时，要鼓励客户网上订单，因为网上订单的效益是电话订单的多倍。

（2）订单处理。接到订单后，工作人员要迅速进行处理。这里要把握三个原则：一是先订者先出。快餐本身就要体现"快"字，否则客户会因不耐烦于等待而流失。二是订单的合并。客户分散下达的订单也会有聚合现象。对于相同的订单可以进行合并，便于厨房准备菜肴。三是路线规划。业务员要对区域了如指掌，根据订单安排最佳路线进行配送，节省时间。

（3）客户投诉处理。一般来说，客户投诉主要是两个方面：快餐品质，主要针对味道、营养、卫生、保温等；送餐服务，主要针对等待的时间、工作人员的态度等。客户投诉虽说是件令人头痛的事，但是，它揭示了快餐外卖管理中存在的缺陷，企业可以及时了解和改进产品或服务，因为在客户的投诉中，不乏真知灼见。

3. 从单店配送向城市配送扩展

单店的盈利是开展区域连锁性配送的内生动力。起初的配送主要是依托单店，当稳定的客户数量达到一定水平、无法充分覆盖时，则可依托新的连锁单店再行配送。此时，需要适时成立物流配送中心，也就是超越单个物流配送点，对多个配送点进行统一管理的机构。物流配送中心的好处有以下几个。

（1）可以从更高的高度来制定外卖配送手册，并据此进行标准化的配送管理。统一培训，统一工作流程和工作标准，使顾客体验配送服务品质一致。

（2）制定统一的对外宣传策略。专业网站上的订单采集系统，外卖快餐的宣传彩页，适时的外卖促销活动等，都能让所有的单店受益，也给顾客更多便利。

（3）严格区域划分，避免出现配送区域重合，或者区域空白。争抢客户资源会降低配送效率；空白区域没有覆盖，则会丧失销售机会，导致绩效不佳。

参 考 文 献

[1] 杨喆，曹洋. O2O 模式下的中式快餐发展问题研究——以某餐饮公司为例[J]. 科技经济导刊，2020，28（4）：183-184.

[2] 乐瑾. 中式快餐业竞争战略分析及对策研究[J]. 职大学报，2019（3）：87-91+86.

开业促销策划：荷唐咖啡

一、策划主题介绍

现以荷唐咖啡产品的策划作为案例来介绍。

宣传文案

对于咖啡店来说，除了口味，美也是不可或缺的。或许我们爱咖啡的原因除了那一口无可替代的香醇，更是因为咖啡馆提供了一个安静自由和美的空间，让我们的灵魂得以休憩。当你推门而进的时候，你就知道，这就是你一直寻觅的咖啡店！

白，是极简与纯粹。

绿，是希望与清新。

金，是金属的冷与硬，是不同的色彩、不同的材质的碰撞，呈现出与众不同的北欧风情。

素色的纺织品，仙人掌，金色的家居等装饰物……你会感受到来自生活的精致，还有向往。荷唐咖啡内景如图 2-1 所示。

图 2-1　荷唐咖啡内景

坐在窗边，点上一杯耶加雪啡，耶加雪啡意思是"让我们在这块湿地安身立命"。荷唐咖啡的饮品如图2-2所示。看窗外人来人往或看看杂志，在淡淡柠檬和柑橘的芬芳里，心灵已经去向远方，身未动心已远，这样的从容，是都市人难得的放空。

图2-2　荷唐咖啡的饮品

在荷唐里，甜品就像一件件艺术品，或使用可爱的小熊造型，或以热带水果为盘中素材尽情挥洒，创造出不同风格碰撞下的甜品，搭配不同的咖啡，带来无比丰富的口感。荷唐咖啡的甜品如图2-3所示。

图2-3　荷唐咖啡的甜品

如果说咖啡是绅士，细心品味需要闲情逸致，那么酒，则不拒绝任何一种心情。咖啡是复杂多元的口感，那么在这里你还能感受到另一种纯粹——威士忌。在所有的酒中，单一纯麦威士忌是个特例。它复杂，馥郁芬芳，品味之旅如同走在铺满各种鲜花和鲜果的苏格兰山坡上；它简单，简单到只需大麦制作就足矣，因为它所向往的极致，就是纯粹、自然。荷唐咖啡的酒类如图2-4所示。

图 2-4　荷唐咖啡的酒类

威士忌由大麦酿制，在橡木桶中陈酿多年后，调配成 43 度左右的烈性蒸馏酒，英国人称之为"生命之水"。

将威士忌直接倒入酒杯，静静感受琥珀色的液体在玻璃的折射下散发柔和的光芒，一饮而尽滑过喉间，芳香瞬间弥漫。这样的纯饮才能获得单一麦芽威士忌的真谛。

威士忌酒在苏格兰地区的生产已经超过 500 年的历史，"生命之水"当之无愧。荷唐咖啡的吧台如图 2-5 所示。

图 2-5　荷唐咖啡的吧台

对云南人来说，生命之水则非茶莫属。行过八千里的路，看过八千里的云，难舍还是这一口茶香。

在荷唐的顶楼,是一块安谧静美之地。纯实木打造的茶馆里,有着和楼下咖啡馆与众不同的风格——木的朴实,竹的雅致,打造出一方淡然平静的空间,如图2-6所示。

图 2-6　荷唐咖啡茶室

有的人喜欢喝西式咖啡时的随性慵懒,有的人却偏爱品中式清茶时的娴静安然。而荷唐则两者兼得,揉捏了西方摩登与中式优雅,打造了符合现代人生活步调、美学风格的饮茶空间。

泡茶者精心,饮茶者静心,初次进入"荷唐·八千里路云和月"的客人通常都会先获取一份关于普洱茶的介绍,店员也会为你讲解闷杯、耐泡、煮茶、纯度四种品比法的具体操作方式,或者邀请你先坐下品品茶汤。在他们看来,首先要懂得内质丰富和原生态程度两大精髓,才能明白来自六大茶山,真正绿色原生态无农残好茶叶的内在。

喝咖啡是一个人的放松与休息,喝茶则是三五好友围炉煮茶,看着茶气慢慢弥漫,闻着茶香渐渐沉醉,天南地北地聊着,不知不觉太阳西下,顺便再就着落日的余晖将这一份甘甜饮下。

是一个人的狂欢,也是一个群人的长谈;是与一群天南地北的豆子的相逢,也是与土生土长茶叶的相谈甚欢;是北欧风情与西洋烈酒带来的新鲜,也是千年茶香带来的熟悉与芬芳。这是荷唐给我们的,关于饮品的诸多想象,关于人生不同滋味的获得。饮一口荷唐,百种滋味在心头。

二、策划要求

请根据上述品牌的相关素材介绍,在深入分析其品牌定位、商业环境等前提下,策划一个开业的促销活动,以达到快速引起当地市场关注、提升品牌认知的效果。

策划过程要求：

(1) 深入认识并了解该品牌的品牌内涵、定位；

(2) 深入了解品牌所在地周边区域的营销环境；

(3) 对该品牌的目标顾客进行分析；

(4) 拟定开业的促销活动策划。

策划活动预算：10 000 元。

策划成果：促销策划方案。

三、荷唐咖啡开业促销方案展示

同学们分组设计了不同方案，每个方案都有亮点，当然，也有缺陷。下面简单展示几个方案。

方案一

荷唐于 9 月 23 日盛大开业啦！期待在美丽的望海花园，夜幕下的宁静小城，与你邂逅在荷唐，酝酿一场不期而遇的温暖。用最安全的食材、最放心的辅料，给你的味蕾一段最美好的记忆。

*市场调研分析

地理位置：背靠凤凰山（凤凰山森林公园，是个风景秀丽、空气清新的旅游景区），比邻望海花园（风景优美，环境优雅，是个名副其实的旅游胜地），历史文化悠久，交通便利。旁边有昭通市实验小学、商业街、高档小区，人流往来密集。

市场预测与建议：

(1) 周边人流密集，服务场所多样，服务不同消费群体。

(2) 迎合广大居民及其学生的消费需求，针对不同消费群体确定不同的价格。

(3) 为消费者提供舒适的环境，产品可根据消费者的需求进行制作。

(4) 本店有三种不同风格的环境，顾客可寻找自己喜欢的风格，选择想要的环境。

*促销目的

(1) 通过现场演示，提升知名度，激发消费者的购买欲望。

(2) 有效地战胜竞争对手，为实现好的销售打好第一战。

(3) 通过促销活动，带动产品的销售量，引起消费者的好奇心。

(4) 设有多种风格的环境，为其提供舒适环境。

*促销对象与范围

(1) 促销对象：周边居民、游客、学生、白领、各类休闲人士等。

(2) 促销范围：昭通市昭阳区海望路。

*促销主题

荷唐邂逅：拥有西方味道的咖啡和威士忌，遇到中国远近闻名的茶，西方的浪漫气息与中国的清静淡雅相互融合，中西方的碰撞，与你邂逅在荷唐。

你有故事，我有酒。

短暂的一次邂逅，留下永恒瞬间。

*促销方案

1. 微信、QQ、微博、抖音等宣传

现在网络技术发达，有一部手机就可以了解身边发生的事，所以我们可以通过网络，如微信、QQ、微博、抖音等进行宣传，吸引更多的顾客。

2. 传单

即便在网络时代，也并不是所有的人都在上网，所以传单针对那些不上网或老年人，更加有时效性、方便性，让更多人及时了解开业活动。

3. 好友

老板认识的人比较多、人际关系广，应充分利用这一点，告知身边的亲朋好友，让他们过来捧场，提高人气。

4. 现场泡茶、现场调酒、现场煮咖啡

有茶艺师、调酒师、咖啡师在现场展示茶艺、调酒、煮咖啡等表演，泡好的茶、调好的酒、煮好的咖啡，免费给现场的人品尝。

5. 小舞台抽奖活动

（1）搭一个舞台，放一个大屏幕，用投影仪投射在屏幕上，播放关于荷唐的介绍，可多用图片、视频等。

（2）抽奖方式：微信公众号摇一摇；小箱子摸一摸。

（3）才艺表演。

6. 优惠方式

活动期间进店消费一律8.8折。

开会员卡一律6.6折。

当天进店就送果盘、小吃各一份。

活动期间全天VIP开包房除以上优惠还免包房费。

7. 积分会员制

（1）积分会员获取方式：通过会员消费获取，设置会员消费积分比例；会员推荐获取，即以老带新。

（2）积分使用：积分兑换礼品；积分可以用来抵现消费；根据积分量不同，可以享受不同程度的优惠额度。

注：办理会员卡时须充入一定金额款项，退会员时可退回剩余金额。

＊成本预算

传单：0.8元/份×2 000份＝1 600元。

原材料成本：1 000元。

舞台搭建：2 000元。

会员卡：普通会员卡1元/份×300份＝300元。

当地电视台广告费：3 000元。

安保费：600元。

应急费：1 500元。

总计：1 600元＋1 000元＋2 000元＋300元＋3 000元＋600元＋1 500元＝10 000元。

方案二

＊企业名称与文化

企业名称：荷唐。

企业文化：咖啡、威士忌和茶三种饮品好像代表着三种人生状态。如果说酒的浓烈像青年的热烈和勇往直前，那么咖啡是滋味丰富的壮年时期，是人生的苦，也是生命的醇厚；而茶，是波涛过后的平静，是入口淡淡的甘与甜。

走进荷唐，便能遇上生命的三种姿态，每一种选择、每一口都是不同的人生口味。"既有好看的皮囊，也有精彩的内涵"。

企业主营：集咖啡厅、茶室、酒吧为一体。

＊企业主营

1. 咖啡

人专注于自己内心的时候有一种奇妙的美，这种美就像咖啡的味道，让人陶醉。

咖啡在一次次的研磨中变得更加香醇，我们的感情也在一天天的碰撞中更加牢固。

雨点会变成咖啡，种子会开出玫瑰，旅行是一种约会，离别是为了体会寂寞的滋味，不是没有人陪，只怪咖啡喝不醉，路一走就累，雨一碰就碎，只有朋友最珍贵。

Coffee is bitter but love is sweet.

此情此景，尽在荷唐。

2. 茶

一碗喉吻润。二碗破孤闷。三碗搜枯肠，唯有文章五千卷。四碗发轻汗，平生不平事，尽向毛孔散。五碗肌骨轻。六碗通仙灵。七碗吃不得也，唯觉两腋习习清风生。蓬莱山，在何处，乘此清风欲归去。

此情此景，尽在荷唐。

3. 酒

"对酒当歌，人生几何。"中国是酒的王国。中国又是酒人的乐土，地无分南北，人无分男女老少，族无分汉满蒙回藏，饮酒之风，历经数千年而不衰。中国更是酒文化的极盛地，饮酒的意义远不止口腹之乐；在许多场合，它都作为一个文化符号、一种文化消费，用来表示一种礼仪、一种气氛、一种情趣、一种心境；酒与诗，从古就结下了不解之缘。

本店售有啤酒、白酒、白兰地、威士忌、荷兰金酒、伏特加、朗姆酒、特其拉酒等。

＊活动主题

"遇见荷唐遇见你"——寻找属于你的幸福之约。

＊活动目的

(1) 通过开业活动的预热宣传，迅速提升荷唐的品牌认知。

(2) 通过现场活动增强荷唐与社会各界（尤其是目标消费者）之间的沟通，让消费者进一步了解荷唐的品质定位。

(3) 通过全程的媒体推广树立荷唐的品牌形象。

＊活动过程

(1) 活动时间：2018年某年某月。

(2) 活动地点：昭通市某地"荷唐"新店。

(3) 活动现场：圈层、高贵、浪漫、典雅。

(4) 活动形式：此次活动的形式力求精彩而不繁杂，简约而不简单。抓住活动创意点，突出荷唐宗旨和本次活动主题——"遇见荷唐遇见你"。整个推广活动的重点在于宣传前期预热推广和宣传后期各类优惠活动，加大广大消费者的认知，从而带动荷唐宣传的持续。

＊活动重点

(1) 前期预热，为荷唐线上线下的推广提供素材，提升消费者的好奇和对荷唐的认知。

(2) 现场的开业揭幕仪式将活动推向高潮。

(3) 现场与嘉宾、消费者之间互动沟通，使其进一步扩大宣传效果，提升更多目标人群对荷唐的品牌形象认知；扩大消费群体，提升客户品牌忠诚度。

(4) 通过延续不断的宣传，提升荷唐品牌形象，扩大消费者群体。

＊活动内容

(1) 低碳车队穿行宣传。联系专业自行车车队的好友，组车队在开业前一天和当天从早晨 8 点到下午 5 点,每辆自行车都挂着荷唐的宣传旗进行有秩序的低碳穿城骑行。

主要途经:各白领年轻人居多之处,居民活动广场,各大学门口。

目的:确保足够的宣传力度,有效提升荷唐开业在市民口中传播的热度。

共付 2 300 元给自行车车队作为宣传薪酬。

(2) 音响与气球彩带组合。在店正门两边分别设置音响,音响顶放长串彩色气球,音响播放音乐和宣传口号"相遇荷唐,相遇人生的云和月",气球彩带负责吸引过往路人的视线,进行就近感官宣传。(预计 1 500 元)

(3) 开业当天。

活动一(舞动人生):雇一支经验丰富的舞队进行舞蹈表演,在主讲人介绍企业产品,包括茶、咖啡、酒的时候舞蹈层次递进。(寻找本地舞队,预算在 2 000 元)

活动二(黄金会员):在店内进行会员卡办理与充值活动,了解客户信息。300 元起,充 300 送 50,充 1 000 送 300,以此招揽常客。

活动三(荷唐小礼):制作荷唐特色礼品(冰箱贴、小风扇类,预算 500 元)。凡先进店者,无论消费与否,免费赠送小礼品,直至送完。

活动四(茶楼诗会):五楼茶馆组织诗会、书法比赛,为本店提词写诗,店长挑选最中意的两幅诗挂于茶楼,并各赠名茶一盒。(预计 1 000 ~ 1 500 元)

活动五(意见建议):在每个卡座设立意见簿,方便使客人对荷唐的服务和饮品口感提出意见与建议。

活动六(咖啡奇缘对对碰):二楼咖啡厅晚上 8 点进行"咖啡对对碰"活动,咖啡厅进门口处设置一个装卡片的盒子,要参与活动的就抽取一张黑色卡片,由咖啡厅管理员随机抽取,两两配对。由管理员制定游戏规则,胜出的队伍每队获得免单。(免单预计 1 000 元)

活动七(记录甜蜜):当天情侣进店的,征得其同意为其拍照留念,贴于走道照片墙或让其带走。(拍照等预计 1 000 元)

具体促销预算如表 2-3 所示。

表 2-3 促销预算表

项目	预算/元
自行车车队宣传	2 300
气球彩带与音响组合	1 500
舞蹈预计	2 000
小礼品赠送	500

续表

项目	预算/元
茶楼奖品	1 500
免单预计	1 000
拍照预计	1 000
剪彩费用	200
费用总计	10 000

方案三

荷唐咖啡位于昭通市昭阳区海楼路，旁边为景色宜人的望海公园，同时具备咖啡厅、酒吧、茶室、休闲吧等功能，定位高端、商务、休闲，预计于10月1日国庆节开业，特筹划本次开业营销活动。

*活动总体思路

1. 市场定位

周边环境：凤凰山森林公园、望海公园、酒吧街、高档小区。

装修风格：高端、轻奢、时尚、商务、欧美。

目标客户：高消费群体、商务人士、白领阶层、时尚年轻人、大学生。

2. 社群营销

昭阳区市区狭小；各类人群社群集中；消息传播速度快；新媒体运用广泛（微信、微博、抖音）；口碑营销效果显著；人群从众心理。

3. 吸引方式

通过免费提供场地，免费提供拍照和修图服务，吸引100名目标客户进店，拍出高质量美图或精致小视频，通过引导客户将照片或视频发到社交平台上达到宣传效果。

4. 活动预期

利用100名客户的炫耀心理，引导其将照片发到社交媒体上，并注上荷唐店名或地址，以社群内信息传播的方式将荷唐咖啡宣传到目标客户群体中，营造"网红"气质。

*活动内容构成

募集志愿者——年轻女神男神，商务范有为青年。

专业拍摄和后期——高质量内容，客户愿意主动传播。

线上社群宣传——快速高效地将荷唐咖啡的品牌推广到目标客户群体。

"网红"气质营造——裂变式营销营造"网红"气质，实现流量到消费的转变。

*活动经费预算

人力成本——低（1 000元），店员辅助，给相应的补助。

食材成本——低（2 000元），提供免费饮品或高端酒水（收回），摆拍。

拍摄成本——高（7 000元），专业摄影师、制作人员及文案策划。

宣传成本——低（无成本），通过客户的自主宣传做到高效的社群宣传。

方案四

*咖啡核心价值与地位分析

在中国，人们越来越爱喝咖啡。咖啡逐渐与时尚、现代生活联系在一起。遍布各地的咖啡屋成为人们交谈、听音乐、休息的好地方，咖啡丰富着我们的生活，也缩短了你我之间的距离；咖啡逐渐发展为一种文化。咖啡这一有着悠久历史的饮品，正在被越来越多的中国人接受。

*营销环境分析

1. 优势

(1) 功能性咖啡屋，硬件设施可以满足约会、休息、社交等需求。

(2) 拥有富有创新能力和实践能力的餐饮设计师和活动组织者。

(3) 拥有一个可以创造价值和交付价值的独特商业模式。

2. 劣势

(1) 刚刚起步，资金受到限制。

(2) 实体店的规模有限。

(3) 新的品牌、影响力不够。

3. 机会

政府对文化传播产业的扶持力度正在逐步加大。

市场仍在成长。

规模化效应将带来成本的降低和核心竞争力的增强。

*促销主题

浓浓咖啡情，百味人生感。

喝一杯咖啡，品尽人世间人情冷暖。

*促销背景及目的

1. 促销背景

(1) 企业竞争压力越来越大，很多白领喝着最贵的咖啡，熬着最长的夜。

(2) 咖啡逐渐代替碳酸饮料进入学生、白领等群体。

(3) 咖啡品牌太多，无法让消费者寻求到满意感。

2. 促销目的

（1）提高荷唐咖啡在昭通市昭阳区的知名度。

（2）在提高荷唐咖啡销售量的同时，宣传咖啡百态人生。

（3）让更多人加入"浓浓咖啡情，百味人生感"的促销活动中来。

* 活动方式

（1）分发纸质广告传单，转发朋友圈、QQ 空间，集赞，达到宣传的初衷。

（2）拉横幅"浓浓咖啡情，百味人生感，尽在荷唐咖啡"。

（3）进店即可"体验"宫斗剧的爱恨情仇（穿《延禧攻略》古装，拍《延禧攻略》主题背景照）。

（4）三人进店，即可获赠一张荷唐咖啡 VIP 尊享卡。

* 促销预算

（1）分发纸质 10 000 张广告传单，转发朋友圈、QQ 空间，集赞，预计经费 1 000 元。

（2）拉横幅"浓浓咖啡情，百味人生感，尽在荷唐咖啡"，预计 2 000 元。

（3）设置《延禧攻略》古装及《延禧攻略》主题背景照，预计 5 000 元。

（4）制作会员 VIP 卡，预计经费 1 000 元。

* 咖啡介绍

富察皇后——阿芙佳朵

牛奶温和，而不是压倒咖啡的味道，同时增添一丝甜蜜。阿芙佳朵咖啡比其他咖啡饮料有更大胆的味道。

富察皇后温和良善的外表下，藏着一颗向往自由的心。她永远是乾隆皇帝心中最完美、不可取代的阿芙佳朵。

娴妃——澳式黑咖啡

娴妃的"黑化"是逼不得已，但能"黑"得如此彻底，说明也是本性有点问题。

澳式黑咖啡的体积较小，因此味道更强烈，这种饮料像是在水面上的浓咖啡的浮点。澳式黑咖啡通常不会使用牛奶。这样可以让咖啡发光，而不会让牛奶掩盖味道。

高贵妃——拿铁

高贵妃坏在明处，对皇上痴心一片，只可惜在皇上眼中她只是高家的一枚棋子，所以没有对她付出真心。高贵妃就像一杯简单的拿铁，喜欢和不喜欢都一目了然，不需要找理由。

拿铁咖啡做法极其简单，就是在刚刚做好的意大利浓缩咖啡中倒入接近沸腾的牛奶。

尔晴——维也纳咖啡

尔晴野心太大，想要的太多，最后却失去了自己最本真的东西，就像一杯维也纳咖啡，到底是咖啡味多点，还是甜味多点，只有喝的人知道。

维也纳咖啡是奥地利最著名的咖啡，在温热的咖啡杯底部撒上薄薄一层砂糖或细冰糖，接着向杯中倒入滚烫且偏浓的黑咖啡，最后在咖啡表面装饰两勺冷的新鲜奶油。

令妃——浓缩咖啡

浓缩咖啡在欧洲比在美国受欢迎，它使许多烘焙和品种混合形成一个大胆但不是苦的味道。

一杯浓缩咖啡由三个主要部分组成：心脏是浓缩咖啡底部的黑暗部分；身体是浅棕色的中心；最黑暗的部分和顶层的奶油混合在一起，形成顶部泡沫层。

纯妃——白咖啡

有城府的女人好的时候聪明绝顶，"黑化"后会变成一个强大的敌人，纯妃爱人是全心全意的，恨一个人也是彻底的。顶着纯妃的头衔，纯白的白咖啡，应该会是纯妃的选择。

在准备时，确保牛奶和浓缩咖啡是完全相互交织的。

愉妃——布雷卫

布雷卫很像拿铁，不同的是加入的不是牛奶，而是半牛奶、半奶油的混合物，有时会再加少许奶泡。

有拿铁的外形，但没有拿铁的浓度，存在感不强的半拿铁布雷卫很合适没有个性、平凡了此一生的愉妃。

方案五

这个快节奏城市的角落，有一群享受慢生活的人，他们用梦想与情调打造了一个属于自己的荷唐。他们营造着最舒服的生活模式，让顾客在纷繁的城市放慢脚步，享受着闲暇的慵懒时光。

* **促销主题**

心享·慢生活

* **环境调研**

1. 周边环境

旁边有望海公园，每天人流量很大，周末和节假日人会更多。还有一个初中、一个高中。在不远的地方有一个客运站。咖啡厅周围还有几个居民小区。

2. 内部环境

内设多功能会议厅（免费）、吧台，且为客户提供雅致的 VIP 包房以及静谧的茶馆。当然，还有美味的点心。

*目标消费者

追求时尚、偶尔小资的个性年轻人；追求自由、品味及品质的白领精英；享受安静，想静静学习的学生。

*竞争者

竞争者分析如表2-4所示。

表2-4 竞争者分析

种类	特征
荷唐咖啡	休闲，温馨，高雅，价格区间大
酒吧	青春活力，动感；嘈杂，安全性相对较低
冷饮店	便宜，种类多；环境较差

*活动目的

在开业当天对店面进行热烈的庆典式布置，并配合促销活动，达到汇聚人气、提升荷唐咖啡销量的目的。

*主要活动内容

"享受生活"摄影大赛活动（自带摄影设备，主办方会帮洗照片，放于照片墙参赛，相片可带走）。

开业当天凡进店消费的顾客有意向者皆可参与本店开业主题活动——"享受生活"摄影大赛。大赛前五名皆可享受终身制VIP卡，并可享受开业一周免单特权，还可任意选择一种咖啡，并自主命名（形成每道餐饮后都有一个故事的感觉，并将这些故事以图文形式加以推广，增强餐饮的文化气息和独特吸引力）。其他参与者皆可获得精美小礼品一份，且开业当天可享受全场半价消费。

远离喧嚣的周末，让我们来荷唐安放自己，或者去认识一些从未有交集的朋友，或者去做一些想做却未有机会去做的事情。

慢食、慢饮、慢聊、慢读、慢爱……

就在周末，放松自己，邀上好友，一起来荷唐享受放空的慢生活吧！

*相关活动组合

宣传单及优惠券1 500份（宣传单上会设计独特的Logo和特别的概念）。

VIP卡（开业当天凡入店消费即可免费办理VIP卡，享受8.8折优惠）。

开业当天凡进店消费即可免费领取精美小礼品。

*场景设置

门口放一个巨型咖啡杯模型气球，一楼或门口放50个创意装饰热气球。

方案六

*市场预测与现状分析

1. 商业环境

店铺位于昭通市昭阳区望海路，毗邻望海文化公园，周边拥有多个居民小区及中学。在社会经济大背景下，不同阶层人士压力不断增大，人民精神需求提高，所以文化体验类消费市场前景巨大。

2. 针对人群与受众

周边低消费人群以年轻人为主，中、高端消费人群以中年人为主，短期的冲动性消费以40岁及以下人群为主，持续消费以41岁及以上人群为主。本店针对不同人群，有不同方式，体验式消费更能消除消费年龄、人群、阶层差距。

3. 市场展开与售后

前期（及开业前）广告宣传，QQ群、微信朋友圈做好铺垫。

开业及前期营业以到店体验、消费为主。

后期推送生活常识、健康贴士、调酒技巧、茶艺泡法、咖啡调配等小知识，配合店面图片、表演等手段稳定客户关系与群体。

*促销目标

通过开业当天的促销活动，在当地打响知名度，同时积累客源，为以后的经营打下基础。

*促销方案

1. 时间

尽量选择周末，保证人数，保证客源。

2. 对象

周边的居民、游客以及学生。

3. 主题

因为店铺有咖啡、酒和茶三个种类的产品，由酒给人的热闹到咖啡的悠然，而后享受茶的宁静，给人一种渐入佳境的升华的感觉，给消费者一种探索而后慢慢发现产品的新奇的感觉。促销当天一楼作为酒吧，二楼是咖啡馆，三楼是茶馆，三个场地三种风格，我们可以在门口摆下促销的广告标语，介绍本店的产品，而后接待人员引导顾客自行去寻找自己喜欢的风格。

4. 方式

（1）免费品尝：活动当天，为前200名顾客提供咖啡、茶等饮品免费品尝。

（2）活动当天产品一律八折。

（3）会员卡：活动当天开始办理会员卡，且消费满500元的顾客免费赠送会员卡。

(4) 会员生日可以赠送蛋糕、小食、果盘，饮品八折。

(5) 茶艺、调酒、咖啡拉花表演、体验。

5. 经费

花篮8个480元，鞭炮99元，红毯10米200元。

免费饮品（咖啡、酒、茶）3 500元。

店铺装饰（海报、贴纸、横幅、广告牌）1 000元，宣传单1 000元，水果和点心1 000元。

共计7 300元。

参考文献

[1] 孟韬, 毕克贵. 营销策划：方法、技巧与方案 [M]. 4版. 北京：机械工业出版社, 2016.

[2] 李先国, 杨晶, 梁雨谷. 销售管理 [M]. 5版. 北京：中国人民大学出版社, 2019.

校园市场推广策划：康师傅绿茶

指定产品
康师傅绿茶。
策划题目
结合本校所在区域的实际情况，针对550ml康师傅绿茶，制作促销策划方案。
策划过程要求
1. 探索性研究阶段
康师傅绿茶产品的认识与解读（品牌定位、广告宣传及促销活动等）。
营销环境的调查研究（杨林大学城）。
营销环境涉及宏观环境和微观环境，由于研究主题的不同，分析的核心要素也要有所侧重。主要有：人口环境要素；饮料消费变化及趋势；经济要素；所在地区环境；消费者分析；竞争者分析等。
2. 正式策划阶段
设计完整的促销活动方案，方案要符合实际，具有可行性、可操作性。
策划成果
促销策划书。
各组针对康师傅绿茶的特性，制作了不同的促销策划书，各个促销策划书既有亮点也有缺陷，现摘录两份。

策划书一

康师傅——绿色健康·青春挑藏

＊品牌核心价值诠释

（一）功能维度

绿茶，又称不发酵茶，以适宜的茶树新梢为原料，经杀青、揉捻、干燥等典型工艺过程制作而成,其干茶色泽和冲泡后的茶汤、叶底以绿色为主调。绿茶较多地保留了鲜叶内的天然物质,具有润口解渴、防衰老、消炎、杀菌、防癌等功效。

(二)情感维度

"绿色、健康"是康师傅的品牌核心价值。用绿茶饮料的自然、健康、活力和生命力,向消费者传递健康的生活方式和积极向上的正能量。每一瓶绿茶之中都包含天然蜂蜜,自然健康、润口解渴,品味绿茶饮料不仅能够获得清新爽口的口感,更能感受到康师傅绿茶带来的健康生活、青春活力的新态度。

(三)象征维度

绿色,是大自然给我们最好的颜色。它象征着美丽、青春,总给我们一种生机勃勃的希望。康师傅绿茶,给我们年轻的生命赋予了希望。喝康师傅绿茶,让人在拥有健康生活的同时拥有积极向上的精神。

*产品的比较优势分析

目前针对杨林大学城的绿茶市场,对此进行了以下分析,如表2-5所示。

表2-5 竞争者分析

品牌	康师傅	统一	达利园
主要消费群体	集中分布16~23岁,为阳光、青春的青少年	和康师傅绿茶消费市场大部分重叠,但由于低糖,也有部分中年市场	由于口味与代言集中于女生,达利园绿茶受众大多为女性消费者
品牌风格	绿色,健康,青春,突破	少糖,生于自然,源于自然	润心,润口,酸爽
品牌内涵	传递一个绿色、青春、积极向上的青年人形象	萃取自然味道,品味自然纯真	好味道,好心情

从市场调研可以看出,康师傅可以在原来的优势上不断发展创新,同时应高瞻远瞩,不断挑战自己、超越自己,让自己不断壮大。

*目标顾客的消费心理分析

(一)功能性消费体验

好的产品源于自身的独到之处,要想赢得追求新鲜事物的大学生的青睐,必须足够了解大学生的口味。收集、揣测大学生的口味,是赢得大学生青睐的首要环节。

(二)绿色健康生活品味

21世纪,绿色已成为健康的代名词,健康绿色的校园文化生活已成为校园的主流。

(三) 体现时尚潮流

符合现代"90后"的消费观念,以及个性独特、好奇心强、追求所爱的特点。与创新、与潮流、与时尚同步的包装,更能吸引大学生的眼球,更能体现他们对当代世界的认识,融入他们的生活。

(四) 新颖、变化,不墨守成规

随着网络时代的快速崛起,生活观念、态度每时每刻都受网络的影响,新的事物不断出现,绿茶的包装也应该不断更新,迎合目标消费者的追求。

*促销主题的提炼与确立

(一) 促销主题:"青春任我行,绿色骑行"

基于绿茶文化,以及大学生绿色健康的生活理念,我们赋予绿茶一种全新的生活理念——健康、绿色、青春、突破,使绿茶成为大学生健康生活方式的代名词。我们把新的绿茶理念传播到更广泛的大学生消费群体中,再通过大学生对这种理念的认同,找到属于自己的标签,从而受到消费者的青睐。

通过组织"云南昆明—西藏拉萨"的长距离大学生自行车骑行活动,突出绿茶带给我们当代大学生的生活理念,更要突出绿茶所代表的价值观念,增强品牌的社会效益,提升产品经济效益(知名度、曝光率、产品销售表现)。

(二) 主题彰显康师傅绿茶核心价值观念

1. 运动健康——绿色生活方式

从昆明到拉萨,以自行车骑行的方式完成全程 2 223.1 千米的行程,这是对大学生身体、精神、意志的考验,彰显了绿茶所代表的健康生活理念。

2. 突破自我——大学生优秀品质的自我锻造

(1) 发扬青年人正能量,挑战自我,实现自我。

(2) 团队协作,互帮互助,坚韧不拔,绝不放弃。

(3) 倡导公益,绿色环保,青春向上,绿色实践。

*促销活动计划

(一) 促销主题的导入阶段

促销活动简述如表2-6所示。

表2-6 促销活动简述

宣导目标	1. 建立杨林高校大学生对促销主题的认识和了解,吸引大学生关注 2. 引导大学生积极参与报名,为选拔骑行活动的最终参与人而准备
媒体选择	3. 线上:各高校官方微博;康师傅官方微信、微博 4. 线下:宣传海报;学校布告栏
时间规划	2016年5月19日—2016年6月18日

（二）骑行活动的人员选拔阶段

骑行活动简述如表2-7所示。

表2-7　骑行活动简述

选拔方式	1. 身体素质：在杨林大学城选取某路段进行骑行活动（从云南师范大学文理学院到杨林镇二中，全程9.7千米）。以骑行用时最少者为优。达标者还须接受身体检查。 　场景设置：现场布置康师傅绿茶展台，为参赛者配发康师傅绿茶饮料，同时提供基本医疗服务。 2. 价值观、理念考察：通过面试，考察学生对绿色、健康、环保的认识和理解，选择具有正确的价值取向和观念的大学生代表。 3. 救助及护理知识：长途骑行活动中可能出现各种身体不适及疾患，参与者须具备最基本的救助及护理知识。 　备注：有关这方面的知识，须提前给报名者发放相关培训资料，让参与者做好相关准备
人选确定	以"身体素质40%+价值观念30%+救助护理知识30%"来综合评定最终15名人选
安全责任	1. 签订安全责任保证书，明确相关责任，并且经过家长监护人的同意。 2. 为学生购买人生意外等相关保险（康师傅），做好预防措施
时间规划	2016年6月19日—2016年7月16日

（三）骑行活动的演练阶段

骑行活动内容如表2-8所示。

表2-8　骑行活动内容

演练内容	1. 户外骑行知识培训：骑行装备熟悉；骑行运动机理及体力分配；户外突发事件处理等。 2. 户外运动相关法规及交通法规的学习。 3. 身体伤害及应急救护处理的知识培训及实际操作演练
路线规划	1. 骑行路线：昆明到拉萨骑行线路是沿滇藏公路（G214国道），主要经过云南城市楚雄、大理、丽江、迪庆，之后进入西藏，经八宿、波密、林芝、山南到达拉萨。全程2 223.1千米，活动全程预计49天（在暑假进行）。 2. 路线熟悉：了解相关路段特点及相关区域的风土人情，提前做好准备
时间规划	2016年7月17日—2016年9月8日

（四）骑行活动的正式开展阶段

骑行路线及时间分配如图 2-7 所示。

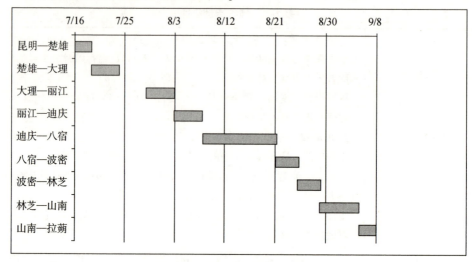

图 2-7　骑行路线及时间分配

（五）骑行期间的活动安排

骑行活动安排如图 2-8 所示。

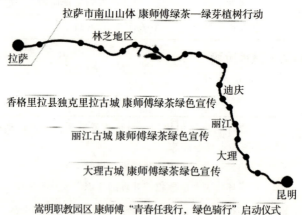

图 2-8　骑行路程活动安排

(六) 媒体传播

媒体传播方式如表2-9所示。

表2-9　媒体传播方式

媒体选择	传播特点
学校媒体	媒体类型：官方网页、微博、微信，官方权威，不但能吸引本校学生关注，也具有社会关注效应。 传播内容：贯穿活动组织的全过程，从计划、实施到总结
康师傅媒体	媒体类型：官方网页、绿茶官方微博；康师傅微信公众号。凭借康师傅自身的品牌影响力，产生广泛的社会反响。 传播内容：贯穿活动组织的全过程，从计划、实施到总结
骑行者自媒体传播	主要包括参行者的微博、微信、QQ空间等。借助他们的相关朋友圈的点击、转发，形成病毒式传播效果，张力明显。 传播内容：骑行过程中的风土人情、酸甜苦辣，克服困难、不畏艰难的情感体验，转化成他们的精彩分享，配以生动、真实的实景图，极具内化及外化的自我传播效应
媒体的病毒式传播	通过学生群体的再转发、再分享、再评论，结合青年关注的要点，形成品牌传播的合力，将康师傅绿茶嵌入式植入，最终转化成品牌知名度的提升，成为品牌精彩故事

＊促销活动预算

活动预算如表2-10所示。

表2-10　活动预算

项目名称	物件名称	数量	报价	合计	备注
器械类	选拔用自行车	15辆	200元/辆	3 000元	赞助洽谈
	医用器材	2套	500元/套	1 000元	
	燃油费			7 000元	
	专用自行车	20辆	2 000元/辆	40 000元	
	其他			3 122元	
媒体类	投放视频	5条	10 000元/条	50 000元	
	合作网站			20 000元	新浪
	其他			2 000元	
人员类	摄影师	2位	7 000元/位	14 000元	49天
	医护人员	2位	6 000元/位	12 000元	49天
	其他			480元	

续表

项目名称	物件名称	数量	报价	合计	备注
其他杂费	现金			10 000 元	
	保险			7 500 元	
	活动租金			1 000 元	
	选拔费用			1 500 元	
	其他			300 元	
总计				172 902 元	

*活动成功的保障与风险

(一) 成功的保障

1. 康师傅

(1) 后勤：康师傅安全车队随行；医疗团队；维修团队；提供保险；资源分配；资料调查。

(2) 培训：户外骑行知识培训，骑行装备熟悉；骑行运动机理及体力分配；户外突发事件处理等；户外运动相关法规及交通法规的培训学习；身体伤害及应急救护处理的知识培训及实际操作演练。

(3) 宣传：线下高校宣传；自媒体宣传；网站宣传；电视媒体。

2. 学校

康师傅与杨林各高校的沟通宣传；学校提供信誉证明、场地及相关资源。

最终达成双赢的促销效果，经由促销活动提升学校形象，展示学校及学生的风采。

3. 个人

促销主题能抓住大学生群体的兴趣点、关注点，是成功的保障。

此外，为预防意外事故发生，须有相应的安全保障措施（签订安全责任保证书，与监护人签订协议；上保险；体检）。

(二) 可能的风险

1. 自然因素

暴雨、滑坡、泥石流、狼群、高原反应等自然因素的风险。

2. 人员因素

(1) 来自志愿者监护人的风险。

(2) 来自学校的风险。康师傅与杨林各高校的沟通，是否能够促成各高校与康师傅合作。

(3) 宣传力度是否能够促使杨林大学城大学生参与本次活动。

(4) 来自志愿者本身的风险，途中出现的人为因素。

策划书二

康师傅绿茶促销策划案——美丽校园

∗产品内涵分析

（一）功能属性

精心挑选优质茉莉花茶、绿茶等为原料，经杀青、揉捻、干燥等典型工艺过程制成，较多地保留了鲜叶内的天然物质，加上蜂蜜、色素、食品添加剂、食用香精等，从而形成了绿茶"清汤绿叶，滋味收敛性强"的特点。

（二）利益属性

(1) 经过严格检测及多重工序，剔除次品，全心全意做好健康茶饮。

(2) 茶色明亮清澈，滋味醇厚鲜爽，香气淡雅。

(3) 包装精美，方便饮用和携带，是休闲时刻的上佳选择。

（三）价值属性

康师傅绿茶以"绿色好心情"为品牌核心价值，把最好的品质带给消费者。自然健康、润口解渴、清新爽口的口感让你不仅感觉是在品味绿茶饮品，更能感受到康师傅绿茶带来的心情舒畅、轻松自在和清新态度。

（四）文化属性

用绿茶饮料的自然、健康、活力和生命力，向消费者传递自在轻松的感觉和健康的生活方式。喝康师傅绿茶，让人在感受绿色好心情的同时拥有健康生活。

∗营销环境分析（杨林大学城）

（一）区位要素

杨林大学城规划面积14.16平方千米，地处昆曲、昆嵩、东南绕城等昆明市重点交通网络临空产业黄金节点，毗邻空港经济区、省级杨林工业园区，位于嵩明县杨林镇东南方，距昆明市区34千米、昆明新机场16千米，距呈贡大学城仅40多千米，具有适宜人居和职业教育发展的自然条件和建设条件。

（二）消费人口要素

杨林大学城于2009年正式开始建设，历时4年，先后引进云南工商学院、云南师范大学文理学院、云南大学滇池学院、昆明医学院海源学院、云南城市建设职业学院、云南师范大学商学院、云南外事外语职业学院、昆明医科大学海源学院等。

目前在校生达到十几万人，依托大学城，将形成一个集教育、生活、商业、娱乐、休养度假等于一体的消费社区。

（三）消费者心理要素

大学生消费群体具有以下消费特征。

(1) 喝出安全，喝出健康。民以食为天，食以安为先，新一代的大学生和传统饮料消费者有着共同的要求，那就是喝出安全，喝出健康。食品安全是一个亘古不变的主题。

(2) 情感新体验。追求热情奔放、思想活跃、富于幻想、敢于尝试是当代大学生鲜明的个性特征，他们对饮料自然有更高的要求。新颖别致的瓶装设计带来的视觉冲击、冷热酸甜的口感享受、轻松在握的肌肤触碰体验等，带给他们不二选择。

(3) 展现自我，实现自我。美丽校园与绿色好心情的完美组合，让大学生不断去发现，不断去寻觅。自我意识日益加强，强烈追求独立自主，力图表现出自我个性。在本次促销活动中，消费者可以通过各种各样的方式表达出自己所想，充分地展现自我、实现自我。

（四）竞争者要素

竞争者要素分析如表 2-11 所示。

表 2-11 竞争者要素分析

竞争产品	统一绿茶	娃哈哈龙井绿茶	达利园青梅绿茶
品牌主张	亲近自然	天然，健康	酸甜好回味
品牌定位	冰绿茶，大自然的选择	西湖之泉，两山之茶	健康美丽，青春永驻，焕发青春活力
核心价值	绿色好心情	喝出品位，喝出健康	青春活力
产品功效	降火解渴，清肺	排毒、养颜	富含大量的果酸及维生素C，能够帮助人体吸收钙，强健精神
产品定位	有喝茶习惯和欲望，但是没有时间泡茶的人群，老少皆宜	强化老年市场，扩大年轻市场	年轻为主

＊促销主题：促销的价值主张

（一）绿茶·健康·美丽校园

1. 自然环境美

优美的校园环境能够为学生提供良好的学习氛围，对学生产生潜移默化的教育效果。校园的环境可以升华人的情感美，激励学生鉴赏美、追求美、创造美。

优美校园环境包括：自然环境（青草绿树、鸟语花香、亭榭错落）；教学环境（整洁安静的教室、完备的教学仪器设备）和生活环境（完备的生活设施，整洁的宿舍、餐厅和活动场所）。

2. 人际关系美

校园人际关系应老师之间、学生之间相互影响、相互激发和相互促进，师生在宽容、理解、和谐的氛围中完成交往活动。和谐的校园关系有助于及时协调和化解矛盾、冲突，塑造互敬互爱、互相理解、体谅、宽容、关怀、帮助的人际关系氛围。

3. 校园行为美

（1）教师行为美。认认真真教书，兢兢业业育人。

（2）学生行为美。恪守学生的职责与角色，体现为尊敬师长、团结同学、爱护环境，在日常行为中贯彻真善美的价值观。

（二）莘莘学子·绿色好心情

梁启超说："故今日之责任，不在他人，而全在我少年。少年智则国智，少年富则国富，少年强则国强，少年独立则国独立，少年自由则国自由，少年进步则国进步。"

作为一个广受欢迎的绿茶饮料品牌，康师傅绿茶把最好的品质带给消费者。康师傅绿茶以"绿色好心情"为品牌核心价值，用绿茶饮料的自然、健康、活力和生命力，向消费者传递自在轻松的感觉和健康的生活方式。喝康师傅绿茶，让人在感受绿色好心情的同时拥有健康生活。

＊促销背景及目的

（一）促销背景说明

（1）春喝花茶，夏喝绿茶，夏天最好的饮料就是绿茶。绿茶绿叶清汤，清爽可口，滋味甘香并略带苦寒味，具有清热解火之功效。

（2）由于果汁饮料作为现代健康消费的时尚品种，比茶饮料更具国际性，接受范围也更广，其增长速度已超过茶饮料。

（二）促销目的

（1）提高康师傅绿茶在杨林大学城的销售量。

(2) 把"美丽校园"与康师傅绿茶进行完美"配对",形成校园文化宣传与康师傅绿茶销量上升的完美组合。

(3) 加深大学生对康师傅绿茶的认知、对"好心情"态度的了解;通过新颖有趣的活动,让大学生体验康师傅绿茶新气象的"绿色好心情"。

(三) 促销对象

促销对象如表2-12所示。

表2-12 促销对象

杨林大学城在校大学生	云南工商学院、城市建设学院、云师大文理学院、昆医海源学院、云师大商学院、云大滇池学院等学校,汇集近20万学生消费群体,人口基数较大
沟通重点	大学生属于冲动型消费者,有自己独特的消费观念,并且具备活力与进取心、有健康意识、追求成就感和自我认同。他们注重生活质量,懂得享受生活、追求时尚,但从不盲目跟随潮流。这也是康师傅绿茶讲求健康自然、乐观进取、自在不做作、亲和自信、具感染力的品牌个性的体现

*促销活动方式

(一) 促销活动构成

1. 微电影大赛

以美丽校园为主题,在杨林大学城各高校进行校园微电影大赛。参赛者以本人所在大学为对象,撷取本校最美丽的场景,以微电影的方式来表现。

2. 诗词创作大赛

以美丽校园为主题,在杨林大学城各高校进行校园诗词创作大赛。参赛者以本人所在大学为对象,撷取本校最美丽的校园故事,以诗歌的形式表现。

3. Flash 制作

以美丽校园为主题,在杨林大学城各高校进行Flash创作大赛,参赛者以所在大学为对象,撷取本校最美丽的校园故事,以Flash方式进行情感表现,讴歌美丽校园。

4. 书画创作大赛

以美丽校园为主题,在杨林大学城各高校进行校园书画创作大赛,参赛者以所在大学为对象,撷取本校最美丽的校园故事,以书画方式进行情感表现,讴歌美丽校园。

5. 摄影大赛

以美丽校园为主题,在杨林大学城各高校进行摄影大赛,参赛者以所在大学为对象,撷取本校最美丽的校园故事,以摄影方式进行情感表现,讴歌美丽校园。

（二）参赛方式

参赛者在规定的时间内将原创作品（作品名称、创作理念）及个人信息表格传至活动方。

在投稿时间截止后，组委会把收到的作品进行分类整理并反馈作品编号给作者，确保其原创性，并在康师傅绿茶的微信公众平台上进行公开的互动投票，每个关注此活动的人均可为自己喜爱的作品投上一票。最终，我们将以票数排名方式得出各类别排名，并通知到每一位参赛者。

（三）传播方式

1. 线上传播

在活动正式开始前，组委会将在康师傅及各大参与高校的官方网站及官方微博上进行预期宣传，让有参与意向的同学能有更多的准备时间。

2. 实体设点

组委会将在各大高校专门设点促销，促销的种类涉及康师傅各类产品。在促销现场购买康师傅商品的顾客，将获得特制且唯一的专属明信片；与此同时，在促销现场，将放上我们活动的宣传海报，顾客可以现场向销售人员咨询参与活动方式或自己扫描二维码了解活动——借助线下促销，增强活动的影响力。

（四）奖项设置

要使活动取得成功，必须有强有力的刺激，而我们本次的活动，奖项设置极为丰富，如表2-13所示。

表2-13 奖项设置

奖项	人数设定	时间	地点	活动
特等奖	每个活动类别的第1名	7天	北京	长城、天安门广场、鸟巢、水立方、北京各大名校
一等奖	每个活动类别后续2名	5天	上海	迪士尼主题公园、东方明珠
二等奖	每个活动类别后续3名	3天	西双版纳	特色民族村、万达广场
三等奖	每个活动类别后续6名	1天	康师傅工厂	了解企业及产品生产流程，送代金券
优秀奖	未获奖的参赛选手	优秀选手证书		

（五）后期进行

对于获得特等奖、一等奖、二等奖、三等奖的选手，在外出统一进行活动时有以下要求。

（1）康师傅绿茶将统一发配服装，大家均穿相同的、印有康师傅绿茶标志的服装外出活动。

(2) 外出活动将以团队形式开展，康师傅工作人员参与到每一个团队中（领队、实时拍摄、后勤保障、医疗等）。

(3) 外出活动的整个过程均会有视频记录，且视频内容经过后期处理，将同步发送至所有合作伙伴的官方网站、官方微博及公众平台上，便于关注者了解。

(4) 活动结束后，活动方将会把活动期间的视频刻光盘，送给参与选手作为纪念。

* 风险防范

(1) 每个参与到外出活动中的人员均购买保险。

(2) 康师傅工作人员将会提前对外出活动地点进行实地调查，聘请当地导游加入团队，并对活动进行周密的计划。

(3) 强调团队意识，尽量能够保证所有活动都跟随导游进行。

(4) 保证每一团队中都有一名了解基本医护知识的人员随行。

* 促销预算

预算表

项目	数量	单价	总价/元
机票及车票	84 张	—	59 500
人员费用	40 人	100 元/人	4 000
宣传费用	—	—	2 190
餐饮费	—	—	10 000
住宿费	—	—	3 000
其他费用	—	—	5 000
合计			83 690

* 促销效果预估

（一）经济效应

1. 提高品牌知名度

本次促销活动对消费者提供短程激励。在一段时间内调动人们的购买热情，培养顾客的兴趣和使用爱好，加深顾客对康师傅绿茶的了解，提升康师傅的品牌形象和知名度。

2. 激励消费者再次购买，建立消费习惯

康师傅绿茶作为家喻户晓的品牌，早已被消费者熟知，很多消费者会产生重复购买的意愿，但这种消费意愿在初期一定是不强烈的、不可靠的。本次促销可以帮助他们强化这种意愿，建立康师傅绿茶的消费习惯。

3. 增加销量，提高销售业绩

毫无疑问，促销是一种竞争，它可以改变一些消费者的使用习惯及品牌忠诚度。因受利益驱动，经销商和消费者都可能大量进货与购买。因此，本次促销活动会增加消费，增加销量，提高销售业绩。

4. 优化竞争地位，扩大市场占有份额

无论是企业发动市场占有活动，还是市场的先入者反击，促销都是有效的应用手段。运用促销可强化市场渗透，加速市场占有。

（二）社会效应

1. 提高公共参与度，传承真善美

本次推出"美丽校园，绿色好心情"的促销活动，将极大地推动大学生的参与度，更新生活观念和生活方式，让更多的人去发现美，传承美。

2. 提高企业形象

举行这次"美丽校园，绿色好心情"的促销活动，将极大地吸引社会公众的眼球，让更多的人知道这是一次很有意义的活动，为康师傅品牌提高了知名度。

参 考 文 献

[1] 孟韬，毕克贵. 营销策划：方法、技巧与方案 [M]. 4版. 北京：机械工业出版社，2016.

[2] 李先国，杨晶，梁雨谷. 销售管理 [M]. 5版. 北京：中国人民大学出版社，2019.

[3] 熊国钺. 市场营销学 [M]. 北京：中国人民大学出版社，2017：298-320.

微商营销：化难为易

一、微商营销：入门易，赚钱难

如果你不是引人注目的"大V级"人物，也不是稍有名气的"小V级"人物，那么假定你拥有300人的朋友圈。在朋友圈中，考虑到性别、年龄、职业、消费心理等差异性，大部分消费者并非你的潜在顾客，真正的目标顾客假定只有其中的1/4。在这些顾客中，从有所关注，到发生兴趣，到主动咨询，到实施购买，假定仍然只占其中的1/4。再假定，每个顾客平均每月的购买金额为200元（这通常取决于你卖什么类型的商品，金额可能差别很大，为计算方便进行简单预估），商品的毛利率是40%。于是可以核算：毛利润 = $300 \times 1/4 \times 1/4 \times 200 \times 40\% = 1\,500$（元）。

不考虑你为之投入的货币、时间、体力、精力成本，1 500元显然是远不能够养活自己的。以这样的收益来做一个全职的微商经营者当然是不行的。所以，很多人不得不把微商当作一份兼职，无法全情投入。然而，如果掌握微商营销的技巧，离成功可能就会更近。

二、微商经营技巧的锤炼

（一）是情感的分享，而不是纯粹的硬广告

很多人刚从事微商，都迫不及待地想进行商品的宣传，每天都在朋友圈内放很多展示商品的广告。这是有必要的，但由于是完全的商品信息的广告，其效果极差。这就如同你是一台电视，你的朋友圈是观众，如果观众每天看到你的电视节目都是纯粹的广告，试问：他们的心情如何？很可能你会被屏蔽或拉黑。因此，最好的商品宣传应该是一种情感、正能量的分享，而不是广告。比如，有朋友通

过微信朋友圈卖蜂蜜，比起人工养殖，在自然状态下的野生蜂蜜品质是最好的。该朋友并没有在朋友圈中直接去宣传商品，而是通过视频、图片撷取农民在山崖峭壁用绳索吊下到野生蜂巢，头上包裹着面罩，冒着被蜜蜂蛰的危险而最终采集成功的过程，充分展现了该蜂蜜的原生态、高品质和农民的艰辛，这更容易让人从心理及情感上相信并接受，从而达成可能的销售。

（二）潜在顾客扩大：让你的朋友圈人数不断地增长

在购买率和购买金额既定的情况下，微商收入的增长只能靠朋友圈人数的持续增加。能进入你的朋友圈的通常是基于某种情感联系的"熟人"。很多微商经营者都急于扩大朋友圈，随意地添加朋友，把很多完全没有什么交流的"陌生人"也纳入朋友圈，其效果很差。扩大朋友圈最好的方法应该是让别人主动或者愿意添加你，而不是被动添加。

（1）从事容易实现朋友圈主动性扩张的职业，如教师、培训师、咨询师等。以培训师为例，培训师会面对大量学生，其朋友圈的扩张有先天的便利条件，从事微商也就有了相对的比较优势。

（2）主动地加入更多社会组织，以扩大朋友圈。如果你从事的职业并不具有朋友圈扩张性的条件，那么，就应该主动地发展自己的兴趣、爱好，多加入不同的社团组织，通过社团组织认识新的朋友，发展朋友圈。

（3）发展代理商、二级经销商，借助他们的朋友圈实现自我朋友圈的扩张。关键在于利益分享、薄利多销，让代理商和经销商成为商业合作伙伴。

（三）提高购买率：让顾客产生对你资源的依赖性

1. 对"权力"资源的依赖性

假定有 A、B 两个人，A 拥有某种"权力"资源，而 B 对这种资源存在依赖性，因此，A 就会对 B 产生影响力，而 B 为获得 A 的"权力"资源就会产生相应的"讨好" B 的行为。此时，如果 A 恰好是微商的经营者，则 A 朋友圈中凡是对 A 的"权力"资源存在依赖性的人，则很可能会通过购买行为，来表现其对 A 所代表的"权力"资源的"讨好"，这就会提高购买率。

2. 发展顾客对非"权力"性资源的依赖性

如果没有真正的"权力"性资源，则可以发展顾客对非"权力"性资源的依赖性：你的专长和专业性。某女性朋友毕业于一个艺术学院，面容姣好，形体优美，曾参加全国模特大赛并取得好成绩，担任不同级别组织活动的形象大使。在她的微信朋友圈，有大量曾经的参赛照片，充分展现她个人的美丽。之后她做了培训师，给企事业单位进行礼仪培训。她做微商，主卖美容用品，并且教人们化妆技巧，很成功。其成功的内在逻辑在于：①个人所学专业及个人的美丽装扮有助于顾客建立对其美容专长的认可与依赖性。②个人的培训师职业,具备了扩张朋友圈的天然优势。

(四)没有一个不满意的顾客

相对于淘宝、京东等电子商务交易平台,微商有其自身短板:不能进行海量的同类商品的相互比较;信息不对称,价格不透明;商品质保体系存疑等。微商的销售建立在朋友圈对微商经营者自身个人品牌的认可上,任何环节处理不善所导致的顾客的不满意,都难以补救,因为信息在熟人圈的扩散非常迅速,所以微商的成功完全取决于顾客的口碑。微商经营者须自觉建立起对商品质量、服务、便利的承诺,并在其经营商品的任何时间、任何地点、任何产品上兑现承诺。

参 考 文 献

[1] 王敏. 微商市场营销策略研究 [J]. 商场现代化, 2020 (9):53-54.
[2] 伍倩莹. 微商发展存在的问题与优化 [J]. 商业文化, 2020 (11):50-51.

篇三　创新管理

基于商业模式画布进行商业模式创新分析

理论导入

一、商业模式的定义

从创新管理的角度来说，企业的经营管理和价值创造过程是动态的、不可分离的。正如厄特巴克和戴维·蒂纳所说，只有总体把握创新，企业才会长盛不衰。诸多调查研究表明，企业持续盈利能力的来源，不再是提高行业壁垒这种企图打击竞争者的模式，而是依靠创新产生的利润，同产品生命周期一样，创新也具有生命周期，具有整体性和连贯性，企业必须具备动态能力，不停地应对来自外部环境带来的各种挑战，才能不断地进行自我更新，保持市场地位。尤其是对企业发展极为重要的技术演进，受到大环境的知识储备和政策导向的影响，企业的经营管理活动更应该放在更广阔的制度背景下，即从商业模式的角度去考察。

因此，商业模式是一种由企业多个管理要素组成的分析视角，该视角很好地继承了波特提出的价值链的观点，即企业的盈利能力不能被单独看待，它是由采购、生产和销售过程中每个环节的盈利能力决定的。在这种视角下，围绕整个企业经营的价值链环节的各种资源要素和管理要素被一一展开，我们可以从中看到它们彼此间的作用和相互关系。

二、商业模式创新的概念

由于构成要素众多，商业模式本身具有复杂性，要界定商业模式的创新性会更加困难，除了确定商业模式的各个构成要素外，还必须考虑它们的变化程度与变化关系。分析商业模式创新的难点还在于，并非所有商业模式的变化都能被称为商业模式创新，当商业模式的其中一个构成要素发生改变，即使接下来能够显著增强公司当前的竞争力，也只能被算作一种改进，而不是商业模式创新。只有相对于当前竞争对手的多个构成要素都有所改进时，才应该被界定为商业模式创新。所以，商业模式创新依然具有动态性和整体性的特点，即判断商业模式创新的标准，应该以商业模式整体是否发生变化为依据，而不应以单独的要素变化程度或者发生变化要素数量的多少为依据。

三、商业模式画布的定义

商业模式画布是一个用于分析企业商业模式的工具，该工具可以展示商业模式动态的、持续的、完整的过程。通过对九个具体要素的研究，企业（或者其他特定实体）的经营管理策略、商业逻辑、创新思维被全方位展现，具体如图3-1所示。

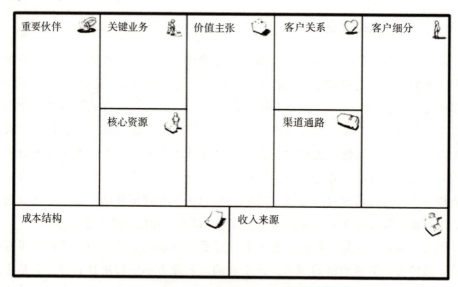

图3-1 商业模式画布模型

资料来源：亚历山大·奥特斯瓦德，伊夫·皮尼厄，商业模式新生代［M］．王帅，毛心宇，严威，译．北京：机械工业出版社，2011．

（1）客户细分（Customer Segments）：企业对具有相同购买偏好和行为的顾客进行分类，主攻最能为自己创造价值的目标消费者群体。

（2）价值主张（Value Propositions）：企业通过产品和服务能够为消费者提供

的价值。价值主张旨在满足客户需求和解决客户难题。

（3）渠道通路（Channels）：企业产品和服务接触消费者的各种途径，即企业通过何种方式开拓其市场。

（4）客户关系（Customer Relationships）：企业与消费者之间建立的联系，具体涉及客户关系的建立、维护和发展。

（5）收入来源（Revenue Streams）：企业创造财富的各种途径。

（6）核心资源（Key Resources）：企业进行生产经营活动的主要资源和能力。

（7）关键业务（Key Activities）：企业运转商业模式需要执行的各种关键活动。

（8）重要伙伴（Partnerships）：企业同其他利益相关者之间为有效对消费者提供价值所建立的合作关系网络。

（9）成本结构（Cost Structure）：商业模式中上述要素所引发的所有费用的货币描述。

需要注意的是，每一次商业模式的成功设计和创新都能为企业带来一定时间内的竞争优势，但市场环境是不断变化的，为适应需求，企业需要不断地重新设计商业模式，改变商业模式构成要素的相互关系，才能长时间保持盈利能力。

案例导入

对商业模式创新的探究，最好的训练方式是要求学生通过团队合作，运用商业模式画布，分析某个实体企业创新模式的具体形式、特点，并针对目前的经营情况提出进一步的创新建议。在课堂上给学生布置的小组作业题目为：用商业模式画布分析一个企业的商业模式，并结合分析结果给出创新发展建议。经过学生的思考，对如下几个品牌的产品做出了画布绘制和分析，如表3-1所示。

表3-1 品牌创新点及创新发展建议

序号	品牌名称	切入点	创新发展建议
1	Uber	网约车服务	1. 进一步监督网约车服务过程 2. 提升顾客体验
2	美团网	线上生活方式体验	1. 供给测升级（由B2C到B2B） 2. 优化售后服务
3	萌小明	电动车租赁	1. 增加车辆安全性，如加固车辆支架，增加后视镜 2. 提高电池更换频率

续表

序号	品牌名称	切入点	创新发展建议
4	小米	提供手机电脑和智能家电	1. 优化售后服务 2. 优化核心资源管理
5	云南白药	制药产业	1. 药品原材料产地直接设点销售 2. 拓展医院渠道
6	小红书	美妆咨询	1. 加大对入驻商家和品牌的监管力度 2. 完善平台服务体验
7	嘉华饼屋	糕点制作	1. 增加产品种类 2. 增加产品定制化服务

学生绘制的具体商业模式画布展示，如图 3-2 至图 3-8 所示。

重要伙伴 1. 租赁公司 2. 私家车主 3. 投资人 4. 地图 App 支持方 5. 第三方支付企业	关键业务 1. App 产品开发与管理 2. 网约车服务 核心资源 1. 技术平台 2. 熟练驾驶的司机	价值主张 1. 为顾客缩短等待时间 2. 费用便宜 3. 便携支付 4. 为司机增加收入，提供灵活工作时间	客户关系 1. 社交媒体（各大论坛及网站） 2. App 反馈系统 渠道通路 1. 网站 2. App 3. 广告 4. 与租赁公司合作	客户细分 1. 无车族 2. 酒后不能开车的人 3. 喜欢享受 VIP 待遇的人 4. 注重高效出行的人 5. 有闲置车辆并想发展副业的人 6. 喜欢驾驶的人
成本结构 1. 技术基础设定（业务培训、设备维修） 2. 雇员薪金 3. 活动及营销支出			收入来源 1. 每千米的基础费 2. 动态加价（时长费、等待费、奖励金） 3. 不同车型计价（平民优步出车、优步出租车、优步轿车、优步货运、优步顺风车）	

图 3-2 Uber 商业模式画布示意

基于商业模式画布进行商业模式创新分析

重要伙伴	关键业务	价值主张	客户关系	客户细分
1. 红杉风险投资 2. 团购网站（拉手网、糯米网等）	1. 外卖 2. 酒店、娱乐、美食 3. 团购	1. 消费者第一，商家第二 2. 为顾客实现全方位的选择权和便利性	1. 美团 App 客户评价 2. EDM 软件电子邮件营销 3. 电话沟通	1. 消费者 2. 商家
	核心资源 1. 官网 2. 美团 App 3. 营运团队（创业者及创业团队）		渠道通路 1. 直营 2. 加盟招商 3. 官网 App	
成本结构 1. 功能开发（网站 App） 2. 广告投入 3. 平台维护 |||| 收入来源 1. 交易销售佣金 2. VIP 会员卡（以会员等级决定折扣大小） 3. 广告收入			

图 3-3 美团网商业模式画布示意

重要伙伴	关键业务	价值主张	客户关系	客户细分
1. 电动车厂商 2. 互联网电商平台 3. 全国各大高校	关键业务 电动车租赁服务	1. 为各大高校的学生提供便捷短途出行电动车 2. 为大学生提供兼职工作 3. 为大学生提供创业机会	1. 萌小明 App 2. 微博 3. 微信公众号	1. 高校大学生 2. 车辆投放地的居民
	核心资源 萌小明 App		渠道通路 1. 萌小明 App 2. 在各大高校投放车辆 3. 微信公众号	
成本结构 1. 电动车生产成本 2. 电动车和 App 维护成本 3. 产品推广成本 |||| 收入来源 1. 电动车租赁费 2. 电动车押金			

图 3-4 萌小明商业模式画布示意

重要伙伴 1. 阿里巴巴 2. 各大网购平台 3. 富士康 4. 凡客诚品	关键业务 1. 手机、电脑和其他相关电子产品 2. 智能家电 3. 周边产品	价值主张 1. 产品差异化——年轻化、智能化 2. 服务差异化——饥饿营销	客户关系 1. 贴吧、公众号、微博 2. 小米官网和各大网购平台 3. 小米线下实体店	客户细分 1. "米粉" 2. 上班族 3. 学生
	核心资源 1. 软件技术和知识产权 2. 小米电商平台		渠道通路 1. 各大网购平台 2. 小米官网 3. 小米线下实体店	
成本结构 1. 市场开拓 2. 产品研究 3. 平台维护		收入来源 1. 电子产品 2. 知识产权（专利） 3. 周边产品 4. 广告费用（小米系统自带广告） 5. 硬件系统		

图 3-5　小米商业模式画布示意

重要伙伴 1. 药材供应商 2. 制药厂 3. 医药公司 4. 媒体	关键业务 1. 制药 2. 医疗服务 3. 周边洗护保健产品	价值主张 1. 提供线上线下一体的药妆产品 2. 老字号品牌	客户关系 1. 微信公众号 2. App 3. 线下销售渠道	客户细分 1. 医院 2. 医药企业 3. 药店 4. 病患
	核心资源 保密配方		渠道通路 1. 医院 2. 超市 3. 药店 4. 线上平台	
成本结构 1. 制药成本 2. 新药研发费用 3. 宣传费用		收入来源 日用品、健康产品、药剂、药妆、医疗器械等产品的销售收入		

图 3-6　云南白药商业模式画布示意

重要伙伴	关键业务	价值主张	客户关系	客户细分
1. 品牌合作商 2. 美妆达人、博主 3. 海外贸易商 4. 潜在商户	1. 内容运营和用户运营 2. 广告合作 3. 招商维护 4. 大数据人工智能	1. 年轻人的生活方式平台 2. 内容社区电商平台	1. 提供内容 2. 建立社区 3. 引入商家	1. 职场女性 2. 美妆达人、博主 3. 学生 4. 海淘一族
	核心资源 1. 平台用户 2. 美妆达人 3. 内容价值		渠道通路 1. 小红书 App 2. 微信公众号、小程序 3. 微博 4. 网页端	
成本结构 1. 人员成本 2. 平台优化费用 3. 广告费用			收入来源 1. 广告收入 2. 品牌入驻费用 3. 电商入驻费用	

图 3-7 小红书商业模式画布示意

重要伙伴	关键业务	价值主张	客户关系	客户细分
1. 原材料供应商 2. 外包装制作公司 3. 淘宝网 4. 美团网	1. 订做各种口味的面包、蛋糕、点心和鲜花饼 2. 制作高档的礼品蛋糕	1. 弘扬云南传统美食文化 2. 主张分分钟出炉、秒秒钟新鲜的理念,为客户快速提供新鲜美食	1. 实行会员折扣制度 2. 多买多赚,附带精美礼品	1. 上班族 2. 学生 3. 婚庆公司、酒店等大宗客户
	核心资源 1. 独特的秘制配方 2. 拥有自己的鲜花基地 3. 设备先进,产品线众多,可进行批量生产		渠道通路 1. 市区街道、机场、车站等线下门店 2. 线上销售 3. 旅游景区	
成本结构 1. 房租、水电费 2. 广告宣传费 3. 设备更新维护费 4. 原料采购费 5. 产品包装费 6. 员工薪金			收入来源 1. 加盟费 2. 产品销售	

图 3-8 嘉华饼屋商业模式画布示意

参 考 文 献

［1］陈劲，郑刚. 创新管理——赢得持续优势［M］. 3版. 北京：北京大学出版社，2016.
［2］亚历山大·奥斯特瓦德，伊夫·皮尼厄. 商业模式新生代［M］. 王帅，毛心宇，严威，译. 北京：机械工业出版社，2011.

针对"金字塔底层"消费市场的社会创新
——以格莱珉银行为例

理论导入

一、社会创新的概念

创新是人类社会经济发展的永恒主题,以创新的视角和方法去解决当今全球普遍性、敏感性和尖锐的社会问题已成为全球各国共同关注的焦点。工业革命以来,人类社会生产力跨越式发展,产品服务呈井喷式输出,然而,生态环境快速恶化、动植物灭绝速度加剧、人口老龄化和贫富差距增大等问题日益涌现。正是在这样的背景下,社会创新出现了。社会创新是一种旨在解决社会问题的创新模式和思考方式,试图使创新行为不仅带动个体组织和企业的发展,甚至带动一个国家的产业发展,实现利益全球化。具体来说,社会创新是以一种通过从社会问题中识别商业机遇、开拓市场空间,为特别个体和组织同时创造社会价值和商业价值,进而解决社会问题的过程。

二、社会创新的特点

(一)以创造社会价值为目标

社会创新的目标是创造社会变革和社会价值,而不是商业创新和经济价值。当然,维持一项事业,即使是做公益,也需要有资金来源,也需要实现商业利润。社会创新并非不考虑经济利润,而是经济利润的实现是以实现社会价值、创造社会变革为前提的。

（二）以商业部门、公共部门和第三部门为主要合作者

当代的创新活动很难通过个人单打独斗来实现，必须以创新网络为组织形式充分调动资源，构建创新网络的第一步是识别主要的合作者，即主要利益相关者。同商业创新不同，社会创新的大多数发起者是个人或初创企业，需要低成本甚至无成本地运用广泛的社会资源来推广创新产物。因此，社会创新需要生产产品的商业部门、鼓励产品推广的公共部门、帮助产品宣传的第三部门的紧密合作才能实现。

（三）优先实现长期变革

社会创新与社会变革相连，一项社会变革无论是医疗领域还是教育领域，其人群之广、周期之长，一般需要很长时间才能看到改变，其实现的是长期变革，而不是短期增长和回报。

（四）以发掘利益相关者和相关资源为主要实现途径

正因为社会创新需要低成本甚至无成本地生产产品和推广产品，需要公共部门和第三部门的大力帮助，所以说，社会创新的实现不依靠对组织的经营管理，而是以对利益相关者的成功识别为主要实现途径。

（五）主要集中于贫困救济、社区发展、健康和福利、环境可持续发展和教育就业等领域

社会创新聚焦于社会热点问题的解决，当今全球各国发展过程中的社会问题主要集中于教育发展、医疗卫生事业、缩小贫富差距、环境保护等领域，所以，这些领域是社会创新灵感产生的主要方面。

三、社会创新的意义

（一）通过对社会问题的解决造福大众

社会创新的首要意义是对社会问题的解决。社会问题之所以"社会"，是因为涉及问题繁多、解决障碍巨大。而且，通常社会问题较突出的国家和地区需要解决的不是一个社会问题，而是一堆"连锁反应"的社会问题，教育、医疗、贫穷、社区和环境全部都涉及。也正因为如此，使用常规思路很难解决，而社会创新能有效解决社会问题，造福大众。

（二）实现大范围的知识共享

社会创新是从解决社会问题出发，通过知识与资源的交换及应用产生的，因此社会创新需要多元化的知识，其自身就是一个不同主体的多种知识并存及持续交互的过程。在这个过程中，企业发掘合作者创造创新网络，为推动创新进程，需要对识别的合作者（无论是个体还是团体）进行授权，这就需要主动地、反射

性地与社会环境进行知识的互动、吸收和转化。非营利性组织在社会创新的实现中，主要作用是接触和联系到创新产出的最终使用者，所以也需要获取、吸收、转换和利用用户知识。再次，在个体方面，人们通常在知识共享网络中进行跨边界工作，这需要持续学习，促使参与者进一步学习创新。总之，社会创新需要促使主体之间持续的知识流动与分享，最终以更有效的方式解决社会问题。

（三）对社会资源进行优化整合和利用

（1）社会创新的产生与实施会为企业聚集一批拥有创新意识、心系社会的优秀人才。今天的企业越来越重视社会创新，并且把社会创新纳入企业总体战略实施计划，企业通过社会创新实践，能够解决社会问题，直接实现对社会的回报和企业良好形象的树立，还能在制定包含社会问题的商业战略过程中，发现更多优秀的人力资源。

（2）社会创新也越来越多地需要借助技术更新和发展来创造新产品、新服务，甚至是新的商业模式，尤其是针对贫困人群基本生存条件的满足。

（3）实现社会创新需要另辟蹊径，需要进一步整合组织内部资源，实现员工内部创业，在这样的导向下，员工可以利用组织优势及个人能力获得新的发展机遇，高层管理者也可以进一步突出重点，把与社会创新有关的活动与组织内其他部门分离，积极开拓外部市场的创意来源，广泛实践开放式创新。

（四）充分调动利益相关者实现创新互动

社会创新虽然以实现社会变革和创造社会价值为第一目标，但其与技术创新、商业模式创新等也存在必然联系。要实现社会创新，必须考虑诸如产品创新、流程创新、服务创新、技术创新、定位创新等创新领域，即社会创新必须通过创造新的服务或者带动完善服务来提高个人、社区进而整个群体的生活质量。同时，最终消费者不再只是被动消费，而是积极参与、共同尝试、改进服务。社会创新能够激发本地企业家的远见和激情，推动目标使用者积极主动参与，促使各合作主体之间建立良好的合作关系，这些参与者甚至包括非直接相关主体社会意识的萌发，如志愿者团队、具有相似经历但不在该项目范围内的公民群体等。总之，社会创新包括新的行为、新的组织、新的机制等多个因素的设计和协同，需要包括政府、企业、社会组织、公民、媒体等多个社会系统成员和现有社会制度的高度互动，这种互动会打破原有制度的界限，创造新的合作关系和社会关系，进而带来社会变革。

四、针对"金字塔底层"消费市场的社会创新

"金字塔底层"的消费市场是一个非常规的市场，在这个市场的人生活在贫困线以下，尤其是落后国家、发展中国家的农村贫困人口。当前，对于全球各个落

后国家、发展中国家来说，解决农村贫困、开拓农村市场、缩小贫富差距已经成为可持续发展的一大难题。长期以来，有关贫困解决策略的讨论主要集中在公共政策与发展经济学领域，缓解贫困的角色也主要由政府、慈善机构与非营利性组织来承担。但单一的解决思路效果有限，为此，Prahalad（2002）提出，运用商业创新来缓解与消除贫困的金字塔底层（Bottom of the Pyramid，BOP）战略，为贫困治理提出了新的思想与方法。与传统的政府主导或基于社会责任的缓解贫困的方法不同，该思路的主体是企业，所依赖的是企业所掌握的商业资源和技能，而发展中国家的低收入群体可以成为理想的试验场所和发展平台，为企业提供巨大增长潜力。企业只要能够克服传统商品市场产品提供思路的偏见，从收入、购买力、观念的转变和分配、流通渠道等层面进行相应的创新，首先为这部分人群提供基本生存需要，就能在获得盈利与增长的同时减缓甚至消除贫困，达到创造社会价值和商业价值的双重目的。"金字塔底层"消费市场的特点和创新路径如图 3-9 所示。

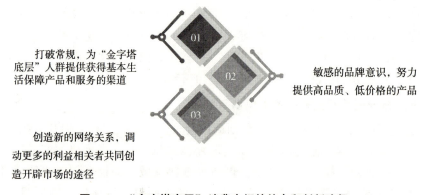

图 3-9 "金字塔底层"消费市场的特点和创新路径

案例导入

一、格莱珉银行简介

"格莱珉"是孟加拉语，意思是乡村银行，该银行由尤努斯教授在 1983 年创立，银行的主要目的是通过向农村贫困人群提供小额贷款，来帮助其免受高利贷盘剥，进而脱贫致富。目前，格莱珉模式已经被广泛认可，许多国家都积极与其合作，推动格莱珉银行模式走向全世界。由于在帮助穷人脱贫致富方面的突出贡献，尤努斯教授荣获 2006 年诺贝尔和平奖。格莱珉银行运作目标和创始人成就如图 3-10 所示。

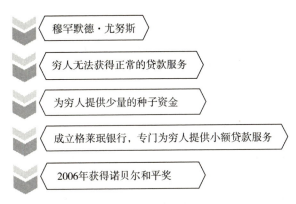

图 3-10　格莱珉银行运作目标和创始人成就

二、格莱珉银行的组织架构

格莱珉乡村银行的总部设在孟加拉国的首都，总部是该银行的最高组织机构，其主要职能包括与政府部门进行合作、筹集资金，以及负责其他部门员工的培训。总行下面是大区行，大区行下面是地区行，每个地区行负责各地区贷款及存款业务。每个地区行下面有10到15个支行，支行是格莱珉银行最基层组织。一个支行由7到8名员工组成。每个支行将统筹管理120到150个农村服务站。支行自负盈亏，财务自由。支行的钱来自总行，总行以10%的利率贷款给支行，支行再以20%左右的利率贷给农户。其中的利差收入为支行的运营经费，支持其平时开支，总行对支行通过利润率来进行考察。格莱珉银行的基本架构如图3-11所示。

图 3-11　格莱珉银行的基本架构

三、格莱珉银行创办的必要性

（一）孟加拉国地理环境恶劣

孟加拉国年年受到亚洲季节性气候的影响，相应季节时常遭受洪水和飓风灾害，且孟加拉国主导农业经济，工商业体系不发达，劳动力主要束缚在耕地，农村劳动人口众多，一旦发生自然灾害会对经济产生重大影响。

（二）孟加拉国国际环境险峻

除地理条件恶劣之外，孟加拉国与周边国家关系紧张，缺乏国际合作，且国内政局不稳，法制不全，无法保障外国投资者的合法权益，难以发展对外经济。

（三）农村人口极度贫困

由于地理环境和国际环境的双重制约，孟加拉国农村人口众多，且极度贫困。

当地农民为了生存，在无法得到正常的银行贷款服务的情况下，只能忍受高利贷的盘剥，反而陷入"越借越穷"的恶性循环，甚至落到进行贩卖毒品、走私枪支、偷盗抢劫、卖淫等非法活动的地步。

四、格莱珉银行的运作模式

（一）五人一组的制衡

格莱珉银行运作的第一步是挑选借款人。格莱珉银行的借款人资格审查非常严格，借款人由谨慎挑选的信用良好且有贷款意愿的5名妇女组成，即每个小组成员信用都是其他人贷款的条件，如果大家都按时还款，小组成员都可以得到自己的贷款，但是如果有一人违约，小组所有成员信用均受到损害。通过这样相互负债的关系，银行减少了信用审查的成本和借款人不按约还款的风险。找到合适的5个人后，小组成立并参加培训。该培训一般为一星期，旨在让借款人清楚格莱珉银行贷款规章制度和借款人的责任义务。培训之后，组员须参加考试，5个人必须全部通过考试，有1人没有通过都不能顺利取得贷款。考试合格后，银行还要对小组所申报的项目进行考察，如果考察满意，该小组就可以获得贷款。在整个服务过程中，小组的表现越好，之后申请贷款的流程就越简便，贷款额度就会越高，申请周期也越短。

（二）三位一体的身份

格莱珉银行的服务对象具有贷款人、存款人和持股人三重身份。接受格莱珉贷款服务的村民一开始是贷款人，当得到初始资金之后，他们通过手工生产赚取了小部分收入，随着时间的推移和对银行的信任，他们可以把多余的收入存入银行，所以也具有存款人的身份。再者，为了让村民相信格莱珉银行，并能够真正将格莱珉银行的发展当成自己的个人目标，银行将90%的股份放在贷款者手中，剩下10%由孟加拉国政府持有，这样的方式既保证了银行运作的稳定性和保障性，也鼓励了村民遵守贷款规则，合理使用贷款资金，在帮助自身正常生活的同时，帮助银行可持续发展。正因如此，经过科学的运作模式设计和管理，格莱珉银行不需要一直依靠政府的援助，同样，它也不是提供施舍的慈善机构，其运作可自负盈亏，实现完全市场化。

五、格莱珉银行推广的重大意义

第一，格莱珉银行的贷款服务使当地穷人摆脱高利贷的盘剥，脱离"越借越穷"的恶性循环，使他们拥有正常生产生活的权利，解决了重大社会问题。

第二，格莱珉银行使当地无业游民拥有个体经营的启动资金，让这部分人不至于因为"游手好闲"而步入歧途，保障了他们的基本正常生活。

第三，格莱珉银行不仅为村民提供贷款资金，还通过三位一体的身份模式使当地穷人实现自我管理，具有"主人翁"的意识，培养了"从单纯申请贷款、接受服务，向承担好三重角色、管理好银行"的主动性，实现银行的长远发展和向贫困人群提供贷款服务、实现社会稳定的终极目标。

参 考 文 献

[1] 陈桂敏，王怡雯，张志伟．格莱珉银行的运行模式研究［J］．商，2016（22）：188．

[2] 陈劲，郑刚．创新管理——赢得持续优势［M］．3版．北京：北京大学出版社，2016．

[3] 陶秋燕，高腾飞．社会创新：源起、研究脉络与理论框架［J］．外国经济与管理，2019，41（6）：85-104．

对加拿大太阳马戏团的定位创新模式的探讨

理论导入

一、创新空间的概念

从乔·蒂德的观点看,企业可以通过对创新的四个维度的分析,找到能够挖掘的创新空间,从而为企业创新战略的选择和制定提供方向。创新空间的四个维度对于理解企业的创新管理策略和行为非常关键,它们分别是产品创新、流程创新、范式创新和定位创新。当企业对自身发展方向和改进空间不明确时,不妨从创新空间的四个维度出发,进行企业创新发展的"头脑风暴",也许就能对创新方向有新的想法。

二、产品创新、流程创新和范式创新的概念

产品创新是企业提供的最终产品和服务的创新,既然是最终形式,创新点必须直接体现在有形的产品上,要便于消费者感知。产品种类的增加,产品外观、颜色、功能按键等的变化,都属于产品创新的维度。

流程创新是产品生产方式和交付方式发生的变化,即提供的最终产品和服务不变,但生产这种产品的方式和交易的方式发生了改变。具体来说,生产方式的变化可体现在工艺流程的精简、生产技术的提高、生产成本的降低、生产效率的提升及机器设备的改进等方面,尤其是对于今天的企业,要满足绿色创能和责任式创新的要求,流程创新就更具有挖掘意义。

范式创新主要指创新思维上对于传统认识和模式的颠覆。从一贯的认识上看，商家想方设法销售商品和提供服务给顾客，必然是产品提供活动中的主动方，而消费者必然是被动方，被动地识别和接受商家提供的产品。在这样的传统认识下，传统的商业模式也主要注重商家的行为，如设计、生产和营销。而范式创新的概念就是要打破这种既定的对商家和消费者关于主动方和被动方的设定，要让消费者从被动地接触和购买产品，到主动地加入产品设计与研发，积极自发地评价上一代产品、接触和尝试这一代产品、关注和设计下一代产品。海尔的 HOPE 平台促进消费者"创客化"的转变，就是我国企业范式创新的优秀典型。

三、定位创新的概念

定位创新强调市场定位的变化，即对目标市场进行重新定位。企业提供的产品和服务并没有本质改变，但因为目标市场的重新定位、目标消费群体的重新选择或新市场的发掘，而有了新的利润空间。很多成功的产品和耳熟能详的品牌其实都运用了定位创新战略，比较典型的有：万宝路——对香烟的重新定位，从男士产品到女士产品；哈根达斯——对冰激凌的重新定位，从儿童产品到成人产品；七喜——对碳酸饮料的重新定位，从消费者不知为何物到"一种不是可乐的饮料"；太阳马戏团——对马戏表演的重新定位，从动物表演的马戏到不要动物的马戏等。

四、定位创新的特点

在今天的商业世界中有各种"跨界"现象，其实就是定位创新。对于企业来说，能够做到技术创新，通过对核心技术和知识产权的投资与占有维护竞争地位固然最好，但不是所有的企业都有能力和条件在技术创新上有所发展。从这一点上说，如果不是诸如"高精尖"的航天、军工、生物、化工或电子等产业的企业，也许定位创新是一个更好的选择，这个选择能够丰富消费品市场、满足多样化产品服务的需求，更重要的是，能够给中小企业更多"可以尝试创新"的思路。

要更好地理解定位创新，也可以从"蓝海战略"的角度进行。蓝海战略是要企业不只和本市场上的竞争对手对抗，也就是不一定非要做到极端控制成本和压低价格，而是通过创造新的市场空间、提供新的更具附加价值的产品和服务，至少暂时避开最激烈的市场竞争，获得市场利润。这种对于识别消费者的新需求和潜在需求的做法，符合企业长远发展和创新动力源源不绝的要求。

案例导入

一、太阳马戏团简介

太阳马戏团是加拿大蒙特利尔的一家娱乐公司及表演团体,也是全球最大的戏剧制作公司,是当今世界发展最快、收益最高、最受欢迎的文艺团体,被誉为加拿大的国宝,也是加拿大最大的文创产业出口项目。目前,太阳马戏团已经在近50个国家的300余座城市,为1.6亿观众表演享誉世界的"不同于传统马戏表演"的"马戏表演"。除了表演本身,太阳马戏团还拥有各类周边产品,其表演模式和商业模式是对传统马戏行业的颠覆,是定位创新的典型案例。

二、太阳马戏团定位创新模式分析

传统的马戏表演有两种类型,一种是规模大一些、资源多一些,还可以在多个地点做巡回演出的大型专业马戏表演团队;还有一种,规模较小、资源也非常有限,仅仅因为靠近客源市场而有经营动力,例如大城市里的动物园一般有的动物表演或者其他类型的地方表演。但是太阳马戏团并不属于这两种类型,仅仅是名称上保留了"马戏"二字,在表演内容、形式和经营理念上,都与传统马戏完全不同,实现了全方位的创新和颠覆。太阳马戏团的创新亮点如图3-12所示。

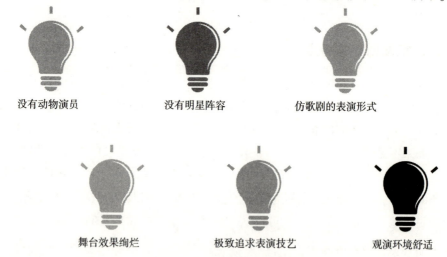

图3-12 太阳马戏团的创新亮点

1. 没有动物演员

太阳马戏团放弃对动物演员的使用,这是它最不同于传统马戏表演的特点。在马戏表演的定式思维中,老虎跳火圈、小熊走钢丝、小狗报数等节目都是耳熟

能详的，但是这些所有和动物表演相关的元素在太阳马戏团中都没有，这也是其倡导的动物保护的理念。

2. 没有明星阵容

在传统的马戏表演中，多多少少会请一些知名的驯兽师、艺人或者明星来助阵，但太阳马戏团中的演员都是该公司自己培养的职业马戏表演者和杂技演员，并没有刻意请所谓的"大牌演员"助阵，由于没有动物，所以也没有驯兽师。

3. 仿歌剧的表演

传统的马戏表演之所以成为夕阳产业，是由于科技发展尤其是互联网技术和电子技术的冲击，让这种娱乐形式本身显得单一和枯燥，不但不能保留原先的儿童消费者，更不可能对成年人消费者产生多大的吸引力。而太阳马戏团在表演形式和内容上仿歌剧，是其脱离夕阳产业最大的原因。看过歌剧的人都知道，歌剧之所以好看，是因为它既具备电影和电视剧所没有的"现场感"，又具备话剧表演所不具备的多层次感官体验。说太阳马戏团的表演是"仿歌剧"的，是因为：首先，其每场表演一定有一个清晰明确的主题，在这个主题的框架下，整个表演内容情节紧凑、层次分明，而不是为了表演而表演，节目随机混乱且没有任何关联。其次，为了展现主题故事，整个表演中有歌舞、有独白、有杂技、有喜剧，形式丰富多彩，且都是根据表演主题编排。最后，其表演的配乐采用现场演奏，观众在这样的环境中身临其境，体验极佳。

4. 舞台效果绚烂

太阳马戏团的舞台效果非常震撼，除了如交响乐团一样的现场配乐演奏外，还有炫人眼球的演员服装的舞台背景设计，每场的服装和背景包括所有舞台道具，都根据主题量身定制，所以能达到最炫丽的表演效果。相比之下，传统马戏表演只集中于动物和小丑本身，舞台效果基本就不值一提了。

5. 追求极致表演技艺

太阳马戏团不用动物也不用明星，所有的表演人员从歌手到杂技演员都是公司的员工。公司所有的功夫就都放到了对表演的本质追求上——表演技艺。同任何营销手段都是锦上添花，产品热卖还是要看质量的道理一样，无论舞台服装布景配乐多震撼，如果没有高超技艺的演员，再好的剧本也无法完美呈现。太阳马戏团在注重观众多层次观影需求的同时，加强对演员技艺的培养，这是其演出可持续发展的原动力。

6. 观演环境舒适

来观看太阳马戏团表演的观众，能享受舒适的空调和座椅、饮料小吃，还有专门的休息厅。这些举措都是为了打造最好的观演体验。

根据上述六个特点,太阳马戏团实现的定位创新是:目标客户重新定位——从针对儿童和青少年的娱乐表演到吸引成年人甚至商务人士的高端娱乐项目;马戏表演核心重新定位——从单一的动物小丑表演到全方位感官调动的震撼有趣的"歌剧表演";服务体验再定位——从嘈杂简陋的马戏帐篷到设施齐全、观演体验极佳的豪华舞台。这样的定位创新实现了将马戏表演从"仅仅是一场表演"到"是一场极致的享受"的转型。

三、太阳马戏团模式实现创新颠覆的原因

太阳马戏团能够实现定位创新的原因都可以概括为一点,即为顾客提供了超高的附加价值。与普通的大型马戏表演和地方的小型马戏表演相比,太阳马戏团能够在趣味、独特体验、主题、环境舒适、特别编排音乐舞蹈等重要方面提供附加价值,这就是它能够重新定位成功的原因。而要能够做到这一点,其对新剧本的巨大投资、强大的人力资源开发体系和高度的顾客参与体系,是太阳马戏团成功创新实践过程中的典型策略。太阳马戏团的价值曲线如图3-13所示。

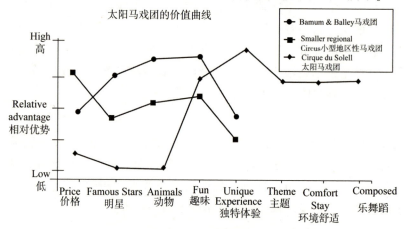

图3-13　太阳马戏团的价值曲线

资料来源:https://www.bsnasia.cn/7643.

1. 巨大的新剧本投资

太阳马戏团的表演之所以吸引人,首先是因为表演主题独特,之后才有接下来的舞蹈编排和配乐创作,所以对新主题的发掘和围绕新主题剧本的配套设计尤为重要。太阳马戏团深知新剧本对于公司长远发展的重要作用,所以每年固定把演出利润的一大部分投入新一年剧目的开发中。因为这种对于新剧本不断的固定投入,太阳马戏团的表演剧目更新快,质量却一如既往,值得称道。

2. 强大的人力资源开发体系

不同于传统马戏的动物表演，太阳马戏团非常注重对"人"的投资开发，尤其是杂技演员和舞蹈演员，都是很早发掘、很早开始培养，并且利用优惠的薪酬和福利政策让他们留在公司中。正因如此，这些演员长年保持高超技艺，太阳马戏团的表演夺人眼球、长期卖座。

3. 让顾客加入产品设计

通过对新剧目和人力资源开发的巨大投入，太阳马戏团保持创新活力，但这种活力只有在实现顾客参与后才能展现得淋漓尽致。太阳马戏团注重与顾客保持紧密联系，也充分收集顾客意见，包括顾客想看什么样的表演，可以提供故事，也可以提供电影情节。同时，太阳马戏团还会把演出门票发放给重要合作对象，通过多种方式保持老顾客、吸引新顾客、发掘潜在顾客。

参考文献

[1] 闫立宇. 解读蓝海战略——以"太阳马戏团"为例 [J]. 中小企业管理与科技, 2015 (7)：11.

[2] 曹晓宁, 高雳霆. 解密太阳马戏团 [J]. 杂拉与魔术, 2007 (3)：36-38.

[3] 乔·蒂德, 约翰·贝赞特. 创新管理——技术变革、市场变革和组织变革的整合 [M]. 4版. 陈劲, 译. 北京：中国人民大学出版社, 2012.

[4] BSN荷兰商学院官网. http：//www.bsnasia.cn/7643.

淘宝村
——中国互联网区域创新系统的典型

理论导入

一、区域创新系统的概念

今天的创新活动更多是"多人游戏",单一个人和组织很难独自承担创新实践的全过程。这种"多人游戏"必须由多个利益相关者构成,它们可能会形成诸如地区产业集群、供应链系统、产品开发或者战略联盟等形式的创新系统。创新系统涉及政府、金融、教育、劳动力市场、科学和技术基础设施等要素,反映了组织实施创新流程所处的环境及各要素相互连接的方式。要素之间会存在明确的协作,能够形成支持创新的条件。区域创新系统主要强调各创新主体的构成与合作、主体间的信任程度、地理接近性、区位优势,以及同其他要素之间的交互情况。创新是为了获得竞争优势,形成区域创新系统更是为了获得效益更可观、影响范围更广的竞争优势。区域创新系统的竞争优势如图3-14所示。

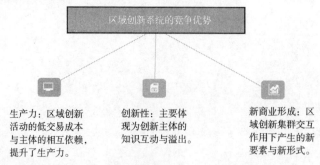

图3-14 区域创新系统竞争优势示意

区域创新系统强调"区域"二字，所以联结性非常重要。第一个竞争优势来自生产力，位于区域创新系统的主体有地理位置的靠近性或者产业联结上的紧密性，这样的好处是可以通过便捷的交通或者充足的人力资源配置实现低成本交易，从而促进生产力的提高。第二个竞争优势来自创新性，主要体现为创新知识在不同主体间的交流和利用，这种交流和利用有多种形式，合作、培训、雇佣、讲座、联合研发、共同生产等产学研的不同形式都是代表。第三个竞争优势在于新商业形成，新商业可以是新产品、新企业、新市场、新产业，甚至是新的商业模式。越是主体力量雄厚、软硬件条件优越、区域发展程度高的创新系统，其产生的效益越大，形式越多样，在过程中新碰撞出的新要素越多，新商业形成的概率就越大。

二、区域创新系统的框架模型

任何一个区域创新系统都由三个要素构成：主体要素、功能要素和环境要素。通过三种要素的有机协同配合，形成产出，创造价值。主体要素即能够创造产出的主要利益相关者，如企业、高等院校、科研院所及地方政府等；功能要素即这些利益相关者在该地区的主要创新驱动因素，如是涉及制度创新、技术改革、管理优化，还是服务升级等。环境要素是能够保障创新主体进行创新实践的各种条件，例如机电、道路、网络等基础设施建设程度，国家扶持体制政策完善程度，物流运输水平等。区域创新系统中的三大要素缺一不可，可以把三大要素概括为主体、软硬件条件和创新方向。

有了三大要素的协同发展，就能够输出具有创新价值的产出，分别为技术知识产出、物质产品产出、经济和社会效益产出，三种产出价值辐射大小依次排列。技术知识即为单纯的技术研发和升级，主体主要通过让渡专利和进行技术指导来获取利润，大部分高校、科研院所和以技术专利研发为主的中小企业就是这种类型。物质产品即是生产各种类型的有形产品，绝大部分企业依靠输出实体产品进行交易从而生产发展。第三种输出类型辐射范围最广，也是能够产生最大创新附加价值的输出，即经济和社会效益。在这种类型中，产生的经济效益非常可观，不是某个或某几个主体盈利，而是整条产业链或价值上的参与者都有可观收益，甚至带动整个地区的总体发展。例如，当代文旅产业和文创产业的发展，都是制造业和服务业相互促进强势带动经济创收的典型例子。而社会效益的指标往往是比经济效益更有价值的指标，例如它能带动就业、发展科教文卫体事业、精准扶贫等。雇用残障人士当淘宝客服就很好地说明经济效益和社会效益之间的差别，不仅仅是提供岗位和收入的经济指标践行，更是社会对于特殊就业人群的保障，代表了一个社会发展的文明程度，因此社会效益凸显。我国发展新农业，就是朝向这个最高价值的产出标准，既要解决农村人口的贫困问题，要让这些人吃饱穿暖，更要形成一个该地区可以循环发展的新创收模式，最好是旅游产业、文创产业和农产品交易融合，这样一来，不仅解决了当前的贫困问题，还奠定了该地区未来的良性发展模式。

因此，通过这三要素和三产出的评价，可以大概了解一个区域创新系统的构成、形式和作用，进一步能够分析其效益和价值提升空间，如图3-15所示。

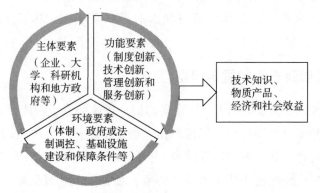

图3-15　区域创新系统框架

三、"互联网+农业"的概念

"互联网+"是一种新的经济形态和商业模式，不能简单理解为"通过互联网来销售传统产品"，而要将互联网看作一种渠道。在互联网的环境下，从市场到用户到产品乃至整个商业生态圈都必须以全新的方式看待。在这种新型渠道下，互联网可以在生产、管理要素中实现优化配置和放大辐射效益。互联网可以和各种传统产业相结合，我国是电子商务发展大国，拥有发展"互联网+"产业的技术先决条件，而农业是我国发展的主要支柱产业，所以"互联网+农业"在我国的发展必定有先天优势和政策扶持。

另外，农产品之所以能够很好地与互联网相结合，首先是本地农产品无论生产还是销售都属于就地取材，具有明显的成本优势；其次是农产品具有特色，很有地域辨识度，容易打造知名度，容易得到消费者的关注与认可；再次是农业生产人员对该产品和行业非常熟悉，便于较好地完成对产品的描述和推介，并能够把握好产品的收购和质量；最后是农业从业人员对家乡特色农产品有特殊的情怀，这种情怀能够激发创业热情。

案例导入

一、淘宝村的定义

随着电子商务的发展,我国沿海地区部分农村出现了一批专业的淘宝村。淘宝村是指活跃网店数量在当地家庭户数10%以上、电子商务年交易额在1 000万元以上的村庄。2013年,阿里发布了20个中国淘宝村,仅仅1年过去,这一数据就被刷新到了211个,还出现了首批19个淘宝镇。淘宝镇是拥有3个及以上淘宝村的乡镇街道。2017年,中国淘宝村共计2 118个,遍布24个省区,呈集群化发展趋势。这211个淘宝村包含活跃卖家数量超过7万家,根据农村网商的家庭经营特点(按每个网店约4个从业者计算),淘宝村整体带来的直接就业人数在28万人以上。

淘宝村当然不局限于农产品,但是农产品占大多数,所以农产品淘宝村又是淘宝村的代表。从其主营产品的角度看,有干货农产品类别的坚果炒货、生鲜农产品类别的大闸蟹、园艺花木等,产品主要涉及种植业、养殖业和林业。

总之,无论从目前淘宝村数量、涉及网店总数、就业人数还是涉及产业来看,淘宝村都正在步入"大繁荣时代",成为影响中国农村经济发展的一股不可忽视的新兴力量。

二、淘宝村形成原因探讨

淘宝村最先在我国江浙沿海地区农村出现,并逐步向内陆中西部地区发展。尽管淘宝村已经遍及我国多个省区,但江浙地区淘宝村的发展仍然最具指示意义。为什么淘宝村最先出现在江浙沿海地区?可以从以下几个方面进行探讨。

1. 市场需求庞大

江浙地区最为我国经济发展的先驱地带,因为相对开放的经济思想、密度大的人口分布以及较高的购买力而拥有广阔的市场。

2. 产业基础雄厚

江浙地区土壤肥沃,气候适宜,因为开放时间较早,因而形成了雄厚的农产业基础,能够为大量的农产品输出提供足够的生产力。

3. 淘宝平台普及

既然是淘宝村,淘宝平台必不可少。淘宝平台的普及得益于我国互联网电子商务产业和技术的飞速发展。

4. 基础设施与物流运输系统完善

发达的生产力与硬件设施息息相关,江浙沿海地区水电交通等基础设施完善,物流运输系统发达，能够为淘宝村的发展提供有力的支持和推动。

5. 新农人的培养

得益于整体开放环境的影响，江浙沿海地区的农村人民思路比较开阔，新事物接受水平较高，因此能够尝试新思路、借助新技术来发展传统行业。这一点从对计算机和互联网技术的掌握程度上就能看出来。新农人与传统农人的特征对比如表 3-2 所示。

表 3-2 新农人与传统农人的特征对比

特征变量	传统农人	新农人
主要年龄段	40~55 岁	20~40 岁
受教育程度	高中及以下	高中以上
计算机技能	差	强
互联网使用频率	低	高
线上社交	少	多
品牌意识	弱	强
创新能力	弱	强
服务理念	弱	强
知识更新	慢	快

三、淘宝村的区域创新系统模式

江浙沿海地区淘宝村是电子商务区域创新系统的典型，结合淘宝村的产生原因和发展规模，不难看出其区域创新系统运作模式。总的来说，该区域创新系统是各个因素之间良性交互的结果。农户、政府、农产品企业是主体要素，市场、产业基础、技术支持、基础设施和物流体系是环境要素，在这种良好的产业基础之下，源源不断的特色农产品，先进培育技术，升级的生产、营销、运输功能不断交流和溢出，本土网商经营的物质成本、风险成本和学习成本都大大降低。再从宏观角度看，江浙地区很早就成为开放的通商口岸，商业贸易发展历史悠久，这种发展历史奠定了该区域发达的经济地位，经济的领先既决定了该区域政治环境稳定、发展政策全面、教育水平高，更决定了该区域人民创新思维的发展，即创新意识层面上的可塑性。反过来，这些政治教育思想等因素的发展又进一步创造了更多的财富，推动了经济的发展，形成了区域创新系统的正向循环。正因如此，淘宝村才能从这里出现，且朝我国其他区域辐射。

四、淘宝村发展的意义

淘宝村发展的首要意义就是推动了我国电子商务发展，或者说是完善了我国电子商务发展形式的种类。如果说推动农产品生产销售和增加农产品收入更多指向经济效益，那么接下来的几个就是社会意义。一是增加农村人口就业岗位，解决我国农业发展的瓶颈问题。让农村人口能够在当地生产生活，进一步解决了留守儿童问题。当前，农村留守儿童问题已经引起社会的足够重视，造成留守儿童现象的首要原因就是父母外出务工，而现在，因为淘宝村这种新农村发展模式的出现，更多农村家庭的父母不用与子女分离，从而缓解了留守儿童带来的隐患。二是全面促进教育发展。教育的发展是资金和理念共同作用的结果，淘宝村给农民创收，通过互联网开拓了农村人口的视野，加之淘宝村大多以家庭为单位，为了家庭电商产业持续，长辈对后辈素质和技术的提高尤为重视，所以使更好的教育发展能够实现。

总之，我国新农村建设的步伐不会停止，淘宝村的发展也进一步说明，创新是人类社会发展的终极驱动力。

参 考 文 献

[1] 曾亿武，郭红东. 农产品淘宝村形成机理：一个多案例研究 [J]. 农村经济问题，2016（4）：39-48.

物流配送"最后一公里"
——菜鸟驿站

理论导入

一、创新的基本类型

创新可以从不同的角度进行分类,从创新的内容来看,可以分为产品创新、流程创新、服务创新和商业模式创新,如图3-16所示。

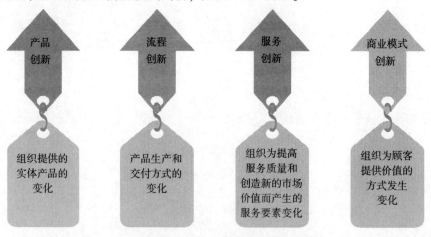

图3-16 创新的基本类型

1. *产品创新*

产品创新主要针对实体物品,是组织能够生产和提供的实体产品发生的变化,即新产品。企业为了满足消费者和新的市场需求提供的实体产品的变化,包括功能升级、颜色和规格的变化等。放眼整个产品市场，每时每刻都有新产品出现，无论质量好坏，消费者青睐或者冷落，都有一部分或者全部产品创新的性质。

2. 流程创新

流程创新是产品生产方式和交付方式发生的变化，即实体产品不发生实际变化。企业的一个经营目标是要提供高质量和低成本的产品，为了高质量和低成本这两个目标，就需要不断地提高工艺水平、升级机器设备的性能、使用新型材料投入生产、达到低耗减排要求等，这是生产方式的变化。现在生活中已经普及的手机支付、电子银行支付、线上支付等是产品交付方式发生的变化，因为无论哪种付款方式，消费者购买到的产品是不变的。包括外卖服务，都是店家煮的红烧牛肉面，唯一的区别是顾客去到店里吃，还是让外卖人员送上门吃，只是交付方式的变化。

3. 服务创新

服务创新是服务要素的变化，因为服务业和制造业有区别，所以服务创新是一种组织改变服务要素的动态过程，服务业的独特性决定了服务创新具有新思路。但是，如今在大多数情况下服务业不能与制造业完全分离，大部分企业在进行产品升级的同时必然伴随服务升级。关于服务创新的内涵，会在接下来专门阐述。

4. 商业模式创新

商业模式创新应该说是对上面三种类型的综合，是对一系列商业要素的重新组合以对整个商业逻辑进行重构的复杂、动态的过程。

需要注意的是，四种创新的基本类型并非完全分离，很多卓越的企业在进行创新实践的过程中会涉及多种创新类型的组合，甚至在创新管理中，会使用创新维度图对企业可涉及的创新空间进行分析和挖掘。例如，产品创新和服务创新可以尝试结合，流程创新升级到一定的程度会带来全新的产品，商业模式又包含着产品本身、生产优化和服务升级等。总之，创新要素通过不同的组合会有很大发展空间，我们了解创新的基本类型是为了更好地了解今天复杂的商业现象，而不是为了把几种类型完全分隔开。对于创新类型的选择，企业需要综合自身和外部的资源条件，做能够承担失败风险的尝试。

二、服务创新的概念

服务创新简单来说，目的是提高服务质量和服务效率，通过让顾客更满意来增加附加顾客价值，以增加企业的竞争优势。在这个过程中，服务概念的变化、服务流程的变化、服务传递方式的变化都是服务创新的方面。如今，服务创新显得尤为重要,第三产业崛起,覆盖就业人员之广、增加职业类型之多、与消费者直接联系之紧密,都是服务创新被予以重视的原因,可以理解为第三产业崛起是因为满足现代市场发展的需求。

三、服务创新的特点

服务创新的特性如图 3-17 所示。

图 3-17　服务创新的特性

上述特点也决定了服务创新门槛较低,通常容易被模仿和学习,尤其是服务创新通常不需要多先进的机器设备和技术革新,因此其产生的竞争优势容易被感知和转移。我们很容易看到,即使某个组织推出了非常个性化的定制服务,很快就会出现各种相似的产物,在酒店、饭店、旅游等第三产业组织,这种现象尤为常见。但是,服务创新的重要性又与日俱增,包括和制造业的更紧密融合,如何提高服务创新的水平和持久度是当代服务行业需要思考的核心问题。

四、服务创新的分类

服务业和制造业既有区别也有联系。区别主要是服务创新的五个特点,联系是它们都是最终要给消费者提供价值,要增加消费者的感知和满意度。而且服务业和制造业需要很好地结合,才能为企业带来更好的效益,比如,有了质量过硬设计精美的产品,还不能缺少贴心的售后维修和升级服务。因此,从创新类型的角度来说,服务创新和制造业的产品创新有相似之处。从这个角度来说,服务创新可以分为五类,如图 3-18 所示。

物流配送"最后一公里"——菜鸟驿站

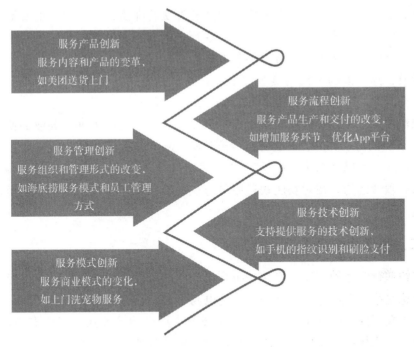

图 3-18 服务创新的类型

五、服务创新的发展趋势

由于服务创新带来的竞争优势容易被模仿和抵消,因而要使服务创新变得更加个性化、更加能够被细节感知和认同,就是未来服务业创新空间挖掘的核心。未来,服务创新将向"体验创新"发展,即服务的内容、流程、方式需要和用户体验环环相扣,并且这种体验的发掘建立在对用户心理和情感进行精细分析和探索的基础上,更加动态、细致、多样化,毕竟,服务能够成形的关键是消费者的接受和满意。

案例导入

一、发掘我国物流行业新市场的意义

物流属于服务行业,是电子商务市场上连接产品和消费者最为重要的一个环节。在互联网线上交易商品占主导的时代,物流服务关系到产品以什么状态、什么速度、什么形式送到消费者手中。我们也会看到,在消费者对产品的评价中,即使产品本身质量很好,使用价值被充分挖掘和认可,但仍然会因为不够优秀的

物流服务被打上差评。物流服务中,快递和外卖行业更是随着电商的发展和线上消费群体的爆炸式增长而日益壮大,走在街上随处可见外卖送餐骑手和快递小哥的身影。其中,快递行业服务内容和方式也多样化发展,从一开始的单纯的货品收集堆放,到今天的预约送货上门取件,以及衍生的各种线上商城和积分制度,都是契合当下的市场需求和技术需求而产生的新模式。

当然,一方面服务行业在不断充实创新内容,但另一方面,商业的快速发展也让"新"的需求和内容不能持续很长时间,从"非主流"到"大众"的过渡往往非常迅速,所以"新中求更新"、需求再细分需求是服务行业找准用户痛点、精准出击必须考虑的。在对物流快递服务行业的新市场挖掘中,菜鸟驿站模式很值得借鉴。

二、菜鸟驿站模式

在快递行业蓬勃发展、快递公司百花齐放的时代,快递市场好像已经接近饱和,无论是第三方快递公司配送,还是电商平台自己的配送体系,任何一件从电商平台上购买的产品一定不会少了配送环节。那么物流配送市场没有空间了吗?如果再开一家快递公司应该很难在已经饱和的快递市场有生存空间和优势,那么菜鸟驿站作为快递行业的一员是怎样找到生存空间并且活力满满呢?

菜鸟驿站项目成立于 2013 年 5 月 28 日,是定位于"社会化物流协同、以数据为驱动力的平台"的菜鸟网络的分支之一,通过同包括多家快递公司合作,在高校通过创业大学生、在社区通过商家等,形成覆盖全国主要城市的末端公共服务网络,提供末端的综合物流生活服务,未来将形成一张遍布全国的"最后一公里"物流快递网络。在 2019"互联网+社区服务"提供商 TOP 50 评选中,菜鸟驿站排名第一。

三、"最后一公里"服务"新"在哪里

菜鸟驿站属于物流市场,但因为聚焦"最后一公里"配送,即"末端"配送,找到了物流行业饱和市场中的创新空间。围绕市场和技术两个维度,创新可以分很多种。技术维度好理解,就是全新技术的运用或既有技术的再挖掘;而市场维度的创新也是同样,可以是创造全新的市场,也可以是对老市场的再定位、再发掘。例如,原有市场上并没有提供消费者需要的产品服务,或虽然提供了却又不能让消费者满意,或原有的产品服务依然有空间可供挖掘,在这几种情况下都可以考虑采取针对老市场的创新。菜鸟驿站恰恰属于这种类型,即物流市场已经存在,甚至可以说已趋于饱和,但"最后一公里"服务是这个原有市场可供挖掘的空间。因此,菜鸟驿站关键词解释如图 3-19 所示。

物流配送"最后一公里"——菜鸟驿站

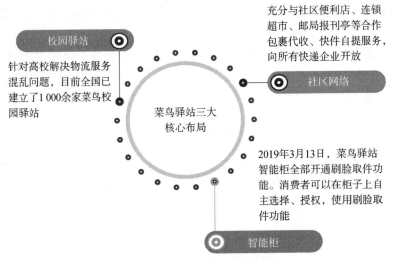

图 3-19 菜鸟驿站关键词解释

1. 校园"最后一公里"配送

几年前,传统的校园快递服务杂乱无章,图书馆前、食堂门口,各家快递公司拿件点上的大小快递铺天盖地、乱七八糟,更没有上门送件和取件服务。说是校园"快"递,可能并不快。菜鸟驿站把所有快递公司的快件统一收取,设置专门的地点和货架,统一摆放,方便寄取和追踪。还能配合高校支持大学生兼职和创业活动,一举多得。

2. 将分散的物流配送功能集中化呈现

在菜鸟驿站之前,想对快递公司有所选择必须跑不同的地点、找不同快递公司的门店,取件寄件都不便利。菜鸟驿站整合不同快递公司的服务,将原本分散的功能集中化管理和呈现,基本做到"跑一家=所有家"。

3. 充分利用社区网络的力量

创新的终极效率并非体现在某几家或某几家、某一行或某几行这样有限定的领域,而是进入每一户家庭。高校物流服务可以做到集中管理,但要进军更广阔的面向千家万户的社区市场,单靠一家菜鸟驿站完全无法满足需求。怎样能够同时兼顾覆盖面和成本控制?最好的方法就是构建社区网络。居民社区的便利店、小超市、报刊亭都是菜鸟驿站的合作伙伴,菜鸟驿站可以根据社区的规模和具体设施条件选择最佳的合作方式和地点。

4. 不断优化服务技术

除了目前功能健全使用便利的菜鸟裹裹 App 之外,2019 年 3 月菜鸟驿站智能柜推出的"刷脸功能"也是其不断创新服务的表现。在快件有增无减、人工压力较大的前提下,便捷的智能柜服务增加了寄取件的安全性与便利性,无疑能够配合人工服务使菜鸟驿站的功能有更大的发挥。

从电子商务发展的形势来看,未来快递服务行业竞争激烈的局面还会持续。菜鸟驿站必须继续从服务的产品、流程、管理、技术和模式中发掘创新空间,紧密贴合顾客体验,才能保持在"最后一公里"物流配送行业中的领先地位。

参 考 文 献

[1] 王柏谊. 电商物流"最后一公里"的发展对策研究——以菜鸟驿站为例 [J]. 吉林工程技术师范学院学报, 2016, 32 (1): 47-49.

"互联网+"创新平台商业模式的运用
——以携程为例

理论导入

一、互联网思维与传统工业思维的区别

互联网思维是依托(移动)互联网、大数据、云计算等科技的发展,重新审视企业价值链乃至整个商业生态系统的思考方式。相较于传统工业思维的直线模式,互联网思维是一种圆形模式,不追求一步到位达到产品经营和获利的目的,而注重产品快速持续迭代的逐步改进,小步走、快步跑,循环前进,最终实现企业目标。传统工业思维与互联网思维对比如图 3-20 所示。

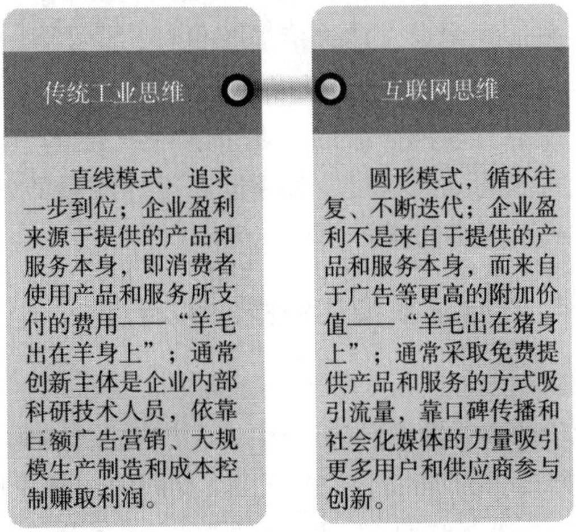

传统工业思维	互联网思维
直线模式,追求一步到位;企业盈利来源于提供的产品和服务本身,即消费者使用产品和服务所支付的费用——"羊毛出在羊身上";通常创新主体是企业内部科研技术人员,依靠巨额广告营销、大规模生产制造和成本控制赚取利润。	圆形模式,循环往复、不断迭代;企业盈利不是来自于提供的产品和服务本身,而来自于广告等更高的附加价值——"羊毛出在猪身上";通常采取免费提供产品和服务的方式吸引流量,靠口碑传播和社会化媒体的力量吸引更多用户和供应商参与创新。

图 3-20 传统工业思维与互联网思维对比

二、互联网思维的构成

围绕用户、体验、免费这三个核心特征，互联网思维可以细分为用户思维、大数据思维、跨界思维、简约思维、极致思维、迭代思维、平台思维、社会化思维和流量思维。

（1）用户思维。互联网商业模式设计的核心是用户导向，必须围绕用户深度挖掘其需求。

（2）大数据思维。企业能够将互联网收集的海量关于用户、供应商、合作对象和竞争对手等信息数据，转换为企业核心竞争力的来源，即利用大数据实现消费需求深度挖掘、市场精准定位、资源优化配置、有效成本管理与运营等。

（3）跨界思维。通过互联网技术与平台对传统产业和原有商业模式进行重构或延伸，发掘或创造新的商机和价值。

（4）简约思维。企业价值链每个环节尽可能精简，方便用户使用，提升用户体验。

（5）极致思维。利用极致的顾客体验确保流量和顾客黏性。

（6）迭代思维。产品和服务的创新不追求一次定位成功，通过与用户紧密合作，增加反馈频率和迭代次数，小步跑、多次跑，缩短创新周期，持续满足用户需求。

（7）平台思维。不提倡单打独斗的封闭式创新，互联网商业模式下，企业利用互联网构建自身的商业生态系统，并连接更多特定利益相关者群体，在更好的合作互动下满足所有群体的需求，共同创造利润。

（8）社会化思维。互联网思维强调人与人之间的互联，通过互联网建立一个创新网络，更好地实现信息沟通、口碑传播等目标，即增加一个用户的背后，增加一个新的社群，指数级为企业增加正向价值反馈和溢出效应。

（9）流量思维。具有互联网思维的企业依靠客户流量产生价值回报，从一次购买行为到多次光顾再到建立忠诚度，都建立在客户流量的基础之上。产品和服务本身免费就是为了吸引更多的流量。

三、"互联网+"平台商业模式的概念和特点

近年来，随着互联网技术的发展和成熟，运用"互联网+"平台商业模式在各行各业中占据主导地位的企业数不胜数，例如消费者熟知的国外的亚马逊、谷歌、脸谱（Facebook，近期改名为Meta）、推特，以及国内的阿里巴巴、腾讯、百度、京东等。在网络效应下，"互联网+"平台模式企业销售利润呈现象级、指数级暴涨，市场占有率持续扩大。"互联网+"平台模式即依靠互联网打造线上平台，将

企业与用户、供应商、合作者、竞争者、媒体、政府等所有利益相关者进行联合，充分提供信息互通与资源分享，以最大化地扩大价值创造。因此，平台模式并不是简单的"中介"，而是旨在打造完整的商业生态系统。

"互联网+"平台商业模式有三大特点：去中心化、去中间化、去边界化，如图3-21所示。

图3-21 "互联网+"平台商业模式特点

案例导入

一、携程发展历程

携程最初是一个在线酒店预订服务公司，创立于1999年，总部设在上海。经过多年的发展和正确的战略选择，携程的订票系统从酒店延伸至机票、高铁等各种交通方式，同时覆盖全国各主要旅游景点门票。今天，携程旅行网拥有国内外六十余万家会员酒店，已在北京、天津、广州、深圳、成都、杭州、厦门、青岛、沈阳、南京、武汉、南通、三亚等17个城市设立分公司，员工超过25 000人。2003年12月，携程旅行网在美国纳斯达克成功上市。2018年3月21日，携程发布定制师认证体系，国内首张定制师上岗证出炉。2019《财富》未来50强榜单携程国际排名第八。2019年携程入选中国品牌强国盛典榜样100品牌。

二、携程主要业务范围

1. 旅游度假产品

携程度假提供数千条度假产品线路，包括三亚、云南、港澳、泰国、欧洲名山、都市、自驾游等20余个度假专卖店，每个专卖店内拥有不同产品组合线路多条，覆盖国内外各知名旅游目的地。客人可选择从北京、上海、广州、深圳、杭州、成都、沈阳、南京、青岛、厦门、武汉等多个热门城市出发。

2. 私人向导平台

携程旅游私人向导平台提供徒步向导服务，包括每天9小时讲解和向导。消费者可在平台上根据向导的年龄、性别、价格、服务次数、点评等综合信息选择自己心仪的导游，然后与导游沟通初步确定需求，并据此定制个性化的游玩线路。通过平台完成线上服务预订和交易全过程。

3. 携程顾问

携程于2016年推出B2C2C个人旅游分享经济服务模式，即携程顾问借助携程品牌和产品库为消费者提供有效的旅游咨询和预订服务。

4. 酒店预订服务

携程旅行网拥有酒店预订服务中心，合作酒店超过32 000家，遍布全球138个国家和地区的5 900余个城市，有2 000余家酒店保留房。

5. 高铁代购服务

携程于2011年7月5日推出高铁频道，为消费者提供高铁和动车的预订服务。

6. 携程租车服务

携程租车连接了金融服务商、汽车厂商、租车供应商和用户，提供定制的租车服务。

7. 携程金融服务

携程金融服务产品多样，最具代表性的是其信用卡服务。携程与中国农业银行合作发行的金穗系列信用卡，集农行信用卡金融功能和携程VIP会员卡功能于一体，在携程旅行网消费既可以预订携程提供的各种服务，还可以积累携程积分，享受各种优惠折扣待遇，同时也能积累信用卡积分。

8. 携程礼品卡

携程旅行网自2011年推出代号为"游票"的预付卡产品，并逐步深度优化产品的用户体验及支付范围，2013年，正式定名"携程礼品卡"。已有"任我行""任我游"两类产品供选择，用以预订预付费类酒店、惠选酒店、机票、旅游度假产品、火车票产品、团购产品。

9. 票价比价

携程网推出的机票、火车票同时预订功能在国内在线旅游行业中尚属首次出现。该功能来源于对用户行为习惯的深入观察，创新性地将机票和火车票放在同一页面进行价格上的对比，改变了传统火车票单一的订票页面模式，解决了因价格选择困难的问题。

三、携程"互联网+"创新平台模式

携程从酒店业务起家，发展到集多样票务预订、个性旅游产品定制、个性化向导服务提供和金融服务等于一体的"一站式"大型服务平台，主要得益于其通过线上平台发展线下业务。携程的盈利模式包括其一直承担的"中间商"角色带来的利润和后来将携程网发展壮大的"平台模式"带来的利润。自2004年收购火车票订票平台"铁友"公司后，携程开始了所谓的"一站式"商业模式探索，包括收购可以定客栈的"古镇网"和可以在当地租房的"途家网"，将自由行从高端扩大到低端，此外还覆盖了签证业务、门票业务、游轮业务、保险业务等方面。同百度相似，携程也开展国际化战略，从2009年收购台湾易游网开始打开了我国台湾市场，2010年收购了永安旅游打开了我国香港市场，在印度投资了"make my trip.com"网站打开了印度市场，此后，又在国外的热门地区设立携程的办事处，这一切都源于其对平台模式的正确选择。

具体来说，携程的平台模式盈利主要来源于收取平台佣金。各类合作商、中间商，甚至竞争者都可以在携程的网站上公布自己的信息，平衡平台化业务和携程自营业务，是携程能够盈利的重要因素。此后，为适应移动互联网的发展，携程网也开启了移动App模式，App的应用使携程网站业务能够吸引更多的移动网络消费者，这是顺应科技发展，以顾客为中心，提供极致用户体验、拓展产品和服务的一个实例。

四、携程"互联网+"平台模式的优点

1. 提升服务效率

定制化设计产品服务是当代的主流需求，随着居民消费能力的增加和对精神生活的追求，"跟团游"早已不是旅游市场的主打产品，更加适合个人和家庭特点的"个性定制游"才是旅游产品转型的重点。就当前的现状来说，任何一家单一企业无论规模多大，都无法覆盖市场的个性化定制需求，而"互联网+"平台模式却可以很好地解决这个难题。携程的平台能够进行大数据分析，精准定位消费者的需求，同时匹配平台上的各类旅游资源；而符合需求的供应商们，则可以根据自身的实际情况来决定是否承接服务。

2. 确保服务质量

携程的"互联网+"平台虽然有数以千万计的酒店、旅行社、导游、交通承运公司等合作者，但其审核流程非常严格。即使是常规的平台合作者，都是好中挑好、精选签约的结果。而如果要成为携程的个性旅游定制师，本身必须是通过一

系列严格审核流程，需要具备扎实的专业知识，既要懂服务，也要会"玩"。

3. 保障售后

定制服务较常规服务特殊，因为每一项定制服务都难以完全复制，消费者就不能很容易地从点评信息中得到关键服务构成和流程等内容。因此，定制服务特别强调售后系统的完备。携程平台从酒店、景区、交通等订票服务再到导游服务，服务定制内容复杂，过程较长，如果没有统一的售后保障，很难消除消费者的担忧和疑虑。为了解决这个问题，携程通过平台采取类似支付宝的先行赔付的方式，消费者就所有的服务项目统一和携程签约，出现任何问题统一找携程投诉解决。当服务结束后，只有无投诉，携程平台才会将费用支付给各相关供应商，这种做法最大限度保障了消费者的权益，推广了携程的品牌。

参考文献

[1] 陈劲，郑刚. 创新管理——赢得持续优势 [M]. 3版. 北京：北京大学出版社，2016.

[2] 余来文，封智勇，张继东，等. 互联网+：商业模式的颠覆与重塑 [M]. 北京：经济管理出版社，2016.

绿色建筑产业中创新设计思考的运用
——以巴厘岛"绿色村庄"为例

理论导入

一、设计思考的概念

设计思考是一种创新思维方式,旨在为各种问题寻求解决方法,在此过程中需要充分地调动创造力。同常规的分析式思考不同,设计思考需要用全新的、突破性的角度来看待事物,尽可能用以前不知道的、没想过的方法来解决问题。设计思考的核心是:以人为本、同理心、深度观察。设计思考之所以在产品创意设计方面功能强大,主要原因是设计思考者能够真正用心体会用户的感受,实实在在地考虑人的需求、行为。之后再结合商业的可行性将这种人的内心诉求嵌入所设计的产品当中,就能够最大限度地激起用户内心的共鸣,并延伸到价值链的其他环节,迸发出更多的创意。

二、设计思考的过程

设计思考大体是一个从灵感激发到构思、执行、再完善的过程,具体可以分为五个步骤:感同身受、发掘洞见、创新思维、打造原型、体验测试,如图3-22所示。

图 3-22　设计思考的五个步骤

三、设计思考的功能

创新思维是时代发展的必然要求，全球化的推进、互联网的利用、竞争的加剧使得任何行业、任何领域的发展必须在资源选择、产品设计、生产和营销，合作方式等方面不断创新。创新思维有六个关键要素：设计感、故事力、交响力、共情力、娱乐感和意义感。当今任何国家、组织和个人对创新能力的追求，都离不开这六个关键要素，而设计思考的目的就是让设计出来的产品和服务充分体现这六个要素。

1. 设计感

设计感指产品的包装不仅美观新颖而且富有情感内涵，而不是仅仅具有使用价值。

2. 故事力

故事力指能够给消费者提供说服、交流和叙事的产品，而不单是带来大量信息。

3. 交响力

交响力指企业能否将各个领域看似迥然不同的因素进行整合，实现传统产品全新呈现的跨界能力。

4. 共情力

共情力区别于逻辑思维，也是当今优秀企业注重社会责任的原因。富有共情力的企业能比普通企业先一步洞察消费者的动机和需求，能构建良好的人际关系并感同身受地关心他人。

5. 娱乐感

娱乐感代表欢笑和愉悦的心情，这是任何人和组织能做好手头之事的基础。

6. 意义感

意义感从马斯洛层次需求理论可知，人的追求从最基本的生理需求到最高层次的自我价值的精神满足，对产品的追求也是同样，在物质财富已经极大充裕时，更有意义的生活目标和理想是更多人的追求。

从设计思考五个步骤来看，之所以要想方设法去洞察被观察者的内心感受，就是为了让产品不仅仅提供最简单的使用价值，因此是追求设计感；为了能够真正使用户感动，从内心深处认可和依赖我们的产品，就需要深度挖掘用户的情感要素和能被说服的诉求痛点，如共情感、喜悦和快乐，甚至是对更高层次的道德感的追求，这些就是追求故事力、共情力、娱乐感、意义感；产品创新过程往往需要调动和结合多个领域内的创新要素，跨越企业边界，多边交叉运用知识，因此需要交响力。

案例导入

一、巴厘岛"绿色村庄"竹建筑展现的创新思维

印尼巴厘岛上有一个建造了大大小小竹屋的"绿色村庄"，这些竹屋没有生硬的围墙、强势的隔离，一切全靠纯天然的竹子、土组成，少了水泥钢筋味、多了浓浓的竹香，且与当地景观融为一体。这些竹建筑的总体设计负责人艾洛拉·哈迪，曾经是纽约时尚界的一名设计师，后辞去工作，卖掉公司，来到印尼巴厘岛建造竹屋。她带领团队和巴厘岛的居民花了近5年时间革新了竹制建筑的理念：竹子是一种未充分利用的、用之不竭的可持续建筑材料。"绿色村庄"中最具代表性的一组竹屋为"绿色学校"，被誉为地球上"最绿"的学校之一。"绿色学校"与普通学校一样承担着教书育人的使命，但校园内处处体现着环保优先的理念，不仅校园本身融入自然，学校的建筑、设施及教学课程都体现出"绿色"特点。校内建筑大都使用可再生的竹子作为主要的材料，辅以茅草、黏土等。竹屋从设计、建造到使用都展现了创新思维在竹建筑中的完美运用。

1. 强烈的设计感

"绿色学校"的竹建筑使用功能是居住，建筑内部的所有用品基本由竹子制作，能够满足现代人生活的所有需求，符合建造房屋的基本功能。同时，竹屋设计贴合自然，造型新颖独特，给居住者以最大的视觉审美享受，能够满足现代人亲近自然的需求。与传统的中国傣家竹楼造型规整单一、竹子多成直线利用的建筑模式不同，"绿色学校"竹屋采用巴厘岛传统建造方式，将竹子横切与纵切，利用竹子的韧性形成一个又一个绚丽漂亮的衔接，建造出一座由多个螺旋结构组成、有强烈视觉互动效果的大型竹建筑。"绿色学校"置于巴厘岛的树林当中，周围环绕棕榈树和竹丛，整个建筑与自然景观完美结合，相映成趣，质朴归真。建筑本

身没有任何玻璃和钢铁材质,采取自然通风的设计,白天日光从各个敞开的空间中投入,明亮清爽,夜晚建筑中的灯光直接映射黑夜,与星光交相辉映。整座学校犹如巴厘岛上一座巨大的艺术品,一天中的任何时候,都给人们舒适的体验。

2. 鲜活的故事力

竹材不同于钢筋水泥,其本身是有生命力的植物。从竹子破土发笋到最终成为一座建筑,每一个环节都是有活力的故事展现,竹屋也因此而被赋予了活力。当消费者看到一所钢筋混凝土的建筑时,通常不会想去关心诸如承重力这样生硬的数字,但来到竹屋,仿佛身处一个巨大的生命体中,自然会想知道竹子是如何设计建造成这样完美的建筑的,想去学习、去聆听、去分享、去交流,这就是竹屋所承载的故事力。

3. "跨界"的交响力

竹屋的设计者本人就拥有交响力。为设计这所学校,艾洛拉·哈迪没有求助专业的建筑团队,而是与建筑师、设计师与艺术家组成合作团队,成立了PT Bamboo公司,针对竹材进行设计与研发。建造团队拥有时尚设计领域的专业知识,将时尚元素融入竹屋设计,用竹屋传递热爱自然的理念,这种"跨界"的交响力能够将艺术、建筑和教育这三个不同领域迥然不同的因素整合,实现"学校"这一传统建筑和产物的全新呈现,既能满足居住要求,又具有教育、欣赏功能。

4. 感人的共情力

"绿色学校"竹屋同样体现出共情力的特点。艾洛拉·哈迪本人放弃纽约的优越工作来到巴厘岛建造竹屋学校,本身就是对孩子们渴望教育、渴望亲近自然这种愿望的具体落实。艾洛拉·哈迪以当地最多见、成本最低、最富有韵味的竹材为建筑材料,旨在提高当地的经济水平和改善当地人民的生活。如果说建造竹屋的每一个过程需要严谨的逻辑思维,那么能够想到让竹子变成美丽的学校一定是共情力的推动作用。

5. 发自内心的娱乐感

无论是时尚设计还是建筑设计,都需要艺术天分,需要发自内心的热爱。正因为热爱自己的事业,设计者才能建造出这样精巧完美的竹屋。因为热爱,所以从事,这种热爱无关收入,只关乎内心的选择。

6. 充实的意义感

"绿色学校"竹屋所蕴含的意义感不言而喻。"绿色学校"的招生主任表示,这里更像一间孩子们可以体验自然的实验室而非学校,因为学生在这里可以种植水稻,体验山川河流的生态环境,甚至可以自己去建造他们心目中的竹建筑。建造起一座竹屋,也能够改变周边的自然环境,给孩子和当地居民一个更好的家园,若非追求这样的人生意义与价值,设计者何苦飞越大洋来到巴厘岛和当地村民一起为梦想、为教育、为孩子、为自然搭建一个绿色之梦?如今,人们的物质需求已基本得到满足,但是心灵的需求则需要用所追求的意义感来填补。

二、"绿色村庄"对绿色建筑行业发展的启示

1. 面向未来,结合传统

建筑为人类提供栖身之所,从人类进化发展至今,无论这个栖身之所的形式如何改变,最终都是朝着一个方向发展——让我们居住的这个房屋更像一个"家"。但同时,科技在发展,生活设施在丰富,个人需求在增加,这要求今天的建筑既要满足人们现代化的生活需求,又不应丧失传统特色,要符合当地气候、地形甚至文化的要求。"绿色村庄"独特的竹屋设计建造既保留了当地居民的传统居住风格,又能满足居民生活的所有需要。巴厘岛地处赤道,气候炎热潮湿,是典型的热带雨林气候,"绿色村庄"的竹屋通风透气性优良,旱季防湿热,雨季泄雨水。竹屋的设计虽然独特,但本质上依然是巴厘岛传统的建造方式,即生活空间与自然空间最大限度结合,开放空间多,而且竹屋的室内家具和用具虽都为竹子制造,但功能和外型完全符合现代人们的生活标准和审美需求,也与整个建筑风格相得益彰,与所在的自然环境融为一体。

2. 体现创意,针对初衷

"绿色学校"竹屋的创新设计最大限度地体现了建筑的教育功能。学校建造的初衷是通过为本地人提供非传统的教育,传达一种可持续的理念。校舍完全采用当地的竹子建造,框架、装饰、休闲设施、地板、座椅、桌子等都取材于当地竹材,目的是让学生们在自然环境下自由自在地成长,借由跟大自然共处的方式,培养学生关爱地球之心。在竹屋之中,学生可以直接接触到竹子这种绿色的建筑材料,甚至可以做出模型建造自己的竹屋,达到感受和实践的教育目的。人类来源于自然,无论追求内心还是保护环境,未来的建筑设计都应该在创意中回归自然的初衷。

3. 努力探索,提升品质

"绿色村庄"竹屋的创新之处还体现在其克服了竹建筑的抗虫技术难题。设计团队使用天然存在于自然界中的硼对竹子进行特殊处理,使其难以被昆虫消化,较好地解决了竹子怕虫蚀的问题。运用创新思维,努力探索更好的建筑形式,让建筑既符合现代新颖、美观、实用的需求,又保持传统特色,还要具有如防虫、抗震、防湿等优良的特性。印尼巴厘岛上"绿色村庄"竹建筑在其设计和建造过程中融入了时尚、环保和自然的创新理念,成为全球绿色建筑的典范。

参考文献

［1］辉朝茂，辉宇. 少数民族竹文化与生态文明建设［M］. 北京：科学出版社，2014.

［2］辉宇. 创新思维在竹建筑发展中的应用——以印尼巴厘岛"绿色村庄"竹建筑为例［J］. 世界竹藤通讯，2016，14（6）：19-22.

［3］陈劲，郑刚. 创新管理——赢得持续优势［M］. 3版. 北京：北京大学出版社，2016.

［4］丹尼尔·平克. 全新思维：决胜未来的6大能力［M］. 高芳，译. 杭州：浙江人民出版社，2013.

精益创新战略在美国西南航空公司经营管理中的运用

理论导入

一、精益思想的概念

精益思想源于日本丰田公司。丰田公司创造了独特的生产方式,从生产链中率先消除浪费和产品过剩。这种理念最初被引入汽车发动机制造和汽车组装环节,后来逐步应用到整个供应链系统,使丰田从一个日本的小公司一跃成为世界汽车行业巨头。美国麻省理工学院教授詹姆斯沃麦克等在《改变世界的机器》一书中,总结了以丰田生产方式为原型和代表的制造模式,第一次提出了"精益生产"的概念。精益生产的核心是集中生产顾客需要的高品质、低成本的产品。近年来,该理论又被延伸至企业经营活动全过程,扩展到服务型企业和非营利性组织,发展成为精益管理。精益管理的战略思想是通过以人为本,以团队为主体,由顾客确定产品价值,实施适时、适量、适物的生产和供应,采用并行工程进行产品开发,最终实现杜绝浪费。在精益管理中,标准化是关键,精益组织通过标准化来简化工作流程,使系统稳定,以获得更高水平的进步,生产更高质量的产品。

二、精益创新战略

由精益思想的源起和概念不难看出,在企业管理中,精益和创新是两个完全不同的概念。精益思想的目标是设计和制造高质量、低成本的产品,通过有效的方式消除所有如过度生产、不必要的搬运、多余的运动和修正等浪费。但是创新刚好相反,创新需要花大量的时间和资源进行反复试错试验,创新最大的挑战在于应对高度不确定性，在不断试错的过程中给予员工充分的授权，从而提升创造能力。因此，创新能力在强调严密合作、高效生产的工作氛围中最容易丧失，许多企业为追求精益管理控制成本，都必须以牺牲创新激励为前提。然而，今天的企业管理为最大限度地迎合市场变化和消费者的需求，既不能只看精益，也不能只看创新，必须将精益思想融入创新流程。从这个角度出发，企业创新的焦点在于构建一个尽可能减少浪费、创造高产品价值、符合可持续发展原则的高效创新流程，适应并充分满足消费者快速变化的个性需求，实现企业价值最大化和各相关方的共赢，营造全方位连接上下游的企业创新生态圈。

三、精益创新管理的优势

1. 避免盲目决策，确保产品开发思路的正确性

精益创新战略的制定重视市场调研，在产品设计初期，企业通过与用户深入沟通来选择正确的项目；在项目推进过程中，员工有创新自由，能在发挥创造性的同时把握企业的流程，经过层层把关，避免盲目决策带来的损失。

2. 注重以人为本，营造合作创新的团队氛围

精益创新战略的执行需要以人为本的创新文化，企业从根本上要尊重、培养和激励个体员工进行创新；鼓励跨部门协作的创新团队，最大限度地解决企业界面管理带来的问题，最终提升组织沟通运作效率，进而提高创新品质与效率。在这个过程中，企业从上至下层级的每一个人，甚至企业上下游的主要利益相关者，包括员工和供应商，都紧密地协作，而不单打独斗。

3. 避免资源浪费，缩短产品创新的周期

无论是从企业获得更高利润的角度，还是从更宏观的可持续发展的角度，避免浪费无疑是当今企业经营管理不可忽视的重要议题。从实际出发，我国人均资源相对短缺，企业浪费现象严重、效率低下、资源利用率低，精益创新战略能够通过减少浪费实现资源优化配置和企业长远持续发展的目标。因此，精益创新战略尤其符合当代自主创新的实践要求，企业针对减少浪费改进生产流程，增加附加价值，缩短创新周期，提高创新效率。

案例导入

一、美国西南航空公司在廉价航空业的地位

美国西南航空公司是廉价航空的鼻祖，是世界上第一家也是最成功的低成本

航空公司。美国西南航空公司在 1971 年 6 月 18 日由罗林·金与赫伯·凯莱赫创建，总部位于美国得克萨斯州的达拉斯，首航从达拉斯到休斯敦和圣安东尼奥，是没有额外服务的短程航线。美国西南航空公司从 3 架经济型波音 737 飞机开始运营，一直采用该单一机型；其主要提供点对点飞行服务，相比于其他美国大型航空公司提供的中心辐射型服务，点到点航线允许更直接的不间断飞行，这也使西南航空公司能够提供更频繁、更便捷、更低价的航空服务。由于直逼长途客车票价的低廉机票和独特的机上简便服务内容，美国西南航空公司一开始遭到业界其他巨头航空公司的抵制，但往后净利润开始一路攀升，在几年内迅速扩张和发展，成为占据美国国内城际主要航线的航空公司，创造了多项美国民航业纪录——利润净增长率最高，负债经营率较低，资信等级为美国民航业中最高。截至 2014 年年底，美国西南航空公司运营美国 40 个州的 93 个机场，以及哥伦比亚、波多黎各、墨西哥、牙买加、巴哈马、阿鲁巴岛等少数几个国外机场。2006 年，其被评为持续 7 年最准时、持续 8 年最低客户投诉率的航空公司；2014 年，其净利润为 11.36 亿美元，从 1973 年开始连续 42 年盈利，是美国航空公司中持续盈利时间最长的公司；2016 年在美国 500 强排名中位列第 142 位，创造了全球民航业史上的奇迹。

二、美国西南航空公司的低成本+差异化战略

美国西南航空公司的成功在于其正确和独特的经营战略思路，运用定位创新另辟蹊径占领潜力巨大的低价市场，避免与美国各大航空公司的正面交锋。具体做法包括以下一些内容。

（1）中短途的点对点的航线，减少经停点和联程点，时间短，班次密集。

（2）低票价政策。机票价格可以同长途汽车的价格竞争。

（3）双重票价政策。采取高峰票价和低峰票价。

（4）不提供费事费人的用餐服务。

（5）登机牌是塑料做的，用完后收起来下次再用，和地铁票类似。而且机票没有座号，不用对号入座。没有公务舱和经济舱之区别。省时间，也省了飞机滞留机场的费用。下飞机等行李的时间也比其他公司短。

（6）租用二线机场，起降费和候机楼使用费较低、人少，因而过站时间减少，通常只有 25 分钟，甚至更少，提高飞机利用率。

（7）单一机型，简化维修、运营和训练。驾驶员和空中服务员经常不停地工作，飞行时间是美国联合航空和美国航空公司飞行员工作时间的两倍。

三、精益创新战略在美国西南航空公司运营管理中的具体应用

1. 消除浪费，实现乘客价值最大化

乘客是航空公司得以发展的关键，从乘客的实际利益出发，全心全意为乘客创造价值，这一理念在美国西南航空公司得到了具体应用。美国西南航空公司采用点对点的飞行方式，最大限度减少延误、提高飞行效率，既可以节省中转成本，也可以为乘客降低票价。另外，选用"冷门"二线机场运营，在节省公司租金、起降等运营成本的同时也使飞机拥堵减少，提高飞机利用效率，更为乘客带了便捷体验。另外，美国西南航空公司还选用单一飞机型号进行运营，即燃油经济型波音737客机。选用一致的机型目的在于公司的一体化管理，这种机型是单舱设计，不需要设置座位号码。因此乘客可以简化登机步骤，减少登机牌打印时间，准时登机。

2. 强调团队，实现员工价值最大化

员工和团队是保障精益创新思维战略执行的关键。对企业来说，人是高于一切的最宝贵资源，员工也因此是企业最应该重视和投资的资产。在企业的发展进程当中，只有注重员工培养和激励，强化员工有效团队的组建和协作，才能够促进企业实现价值流动。为达到这一目标，同时执行低成本的战略要求，美国西南航空公司的实际运营管理围绕"价格低廉却要给乘客最多快乐"这一准则，核心就是"员工第一、员工快乐"。例如，将员工的名字雕刻在特别设计的波音737上，以表彰员工的突出贡献；将员工的突出业绩刊登在公司的杂志上；对员工进行访问等。通过这些做法，让员工认识到公司以拥有他们为荣。美国西南航空公司认为，公司所拥有的最大财富就是公司的员工和他们所创造的文化，人是管理中第一位的因素。在这样的价值导向之下，公司员工目标高度一致，他们都认同"为顾客提供相对的安全准时的服务"是整个公司发展的宗旨。因此，每一位员工服务意识非常强，彼此之间相互尊重。在美国西南航空公司的整体发展中，员工提升了企业的整体服务质量和服务效率，使得企业拥有长久的卓越表现。

3. 加强质量管理，追求顾客体验最优化

美国西南航空公司多次获得美国航空奖项的最高殊荣，这些奖项涉及飞行安全程度高、资信等级高、飞行服务体验极佳、员工热情和创造性高等各个方面。极端重视服务质量和顾客体验，是其能够一直正盈利的重要原因。而这些影响顾客服务体验的方方面面，从企业的战略制定，到差别化的战略实施，再到创造性地发挥员工的人力资源优势，都离不开精益创新思维对"精益"和"创新"的完美结合。

参 考 文 献

[1] 尤静,明新国,李冬.面向产品创新的精益管理框架[J].商场现代化,2008(11):122-123.
[2] 陈劲,郑刚.创新管理——赢得持续优势[M].3版.北京:北京大学出版社,2016.

图 1-2　午后奶茶品牌标识

原有标识　　　　　　　　　　　　　　　现有标识

图 1-3　品牌标识

进口奶源　　　　　　　小叶种红茶　　　　　　北海道密瓜汁

调和技术　　　　　　UHT超高温　　　　　　无菌冷灌装技术
　　　　　　　　　　瞬时杀菌工艺

表 1-3　午后奶茶功能利益（图标）

图 2-1 荷唐咖啡内景

图 2-2 荷唐咖啡的饮品

图 2-3 荷唐咖啡的甜品

图 2-4 荷唐咖啡的酒类

图 2-5 荷唐咖啡的吧台